THE DRESS 2
TOMOE SHINOHARA SEWING BOOK

ザ・ワンピース 2
篠原ともえのソーイング BOOK

Message

ようこそふたたび☆篠原ともえのソーイングワールドへ！

私は子どものころからお裁縫が大好きで、お人形さんのお洋服を縫ったり、
小物を作ったり、布で何かを生み出すことに夢中でした。
母も洋裁が得意で、私のお洋服も手作りしてくれたので
"作ること"はいつも身近にありました。
お裁縫好きのDNAが宿っているのか、針と糸でちくちく運針をすると
深呼吸のように心地よい瞬間もあります。

ある時、着物のお針子さんでもあったおばあちゃんが縫った着物を譲ってもらうと
その着物は、細かな部分までとても丁寧に縫ってありました。
おばあちゃんの"服づくり"への愛情は、その美しい針目を通して
私の手の中にしっかりと伝わってきたのです。
三世代にわたり届いた手作りの作品は、今でもずっと私の宝物……。
時間をかけて作る喜びを味わうことは、永く愛される作品を生み出せる魔法だと
私は信じているのです。

ソーイングBOOK第一弾『ザ・ワンピース』を出版してから
初めて洋裁に挑戦したり、自分流にアレンジしたり、親子で手作りを楽しんだお話など
うれしいメッセージをたくさんいただきました。
『ザ・ワンピース2』のパターンは、『ザ・ワンピース』の
身頃やスカートのパターンとも自由に組み合わせられます。
みなさん自身がデザイナーになり、オリジナルワンピースを自分流に作って
"ずっと愛せる"お気に入りの作品を完成させましょう☆

それはきっと世界に一着の宝物になるはずです。

篠原ともえ

Contents

Sleeveless Dress & Bolero
page 4

A-line Dress
page 6

Sailor Collar Dress
page 8

Coat Dress
page 10

Denim Dress & Jacket
page 12

French Peplum Dress
page 14

Box Pleats Peplum Dress
page 16

Flare Sleeve Blouse
page 18

Bishop Sleeve Dress
page 20

Stripe×Stripe Dress
page 22

Circular Flare Dress
page 24

Kimono-like Dress
page 26

用具について　　　　　　　　page 28
採寸とサイズ補正について　　page 30
実物大パターンについて　　　page 32
裁断と印つけについて　　　　page 34
きれいに縫うために　　　　　page 36

ワンピースを縫ってみましょう　page 38
スペアカラーの作り方　　　　　page 46
ともえ流アレンジスナップ　　　page 48
手縫いの基礎テクニック　　　　page 49

How to Make
page 50

Sleeveless Dress & Bolero

ノースリーブワンピース&ボレロ

腕がすっきり見えるカッティングにこだわったノースリーブのワンピース。
おそろいのボレロは、長めフレアスリーブでケープのようなシルエットに。
レースの手袋やコットンパールでおめかしして、気分は避暑地のプリンセスです。

see page 50, 52

A-line Dress

Aラインワンピース

誰もが似合って縫いやすいことを、いちばんに考えたAラインワンピース。
テキスタイル次第で、ポップにもシックにもはまる、万能なデザインです。
スペアカラーとカフスでイメージチェンジできるから、着こなしは自由自在☆
see page 38, 46, 79, 82

Sailor Collar Dress

セーラーカラーワンピース

永遠のあこがれのセーラーカラーワンピースは、ずっと手がけたかったデザイン。
白いカフスつきの袖で、ユニフォーム風に仕上げました。
ピンドットのようにさり気なく着こなせる星柄プリントもお気に入りです。

see page 54

Coat Dress

コートワンピース

前あきのAラインワンピースにベルトをつけたら、アウター仕様に。
パターンはワンピースと共通なので、肩小さめ、腕細めのすっきりシルエット。
それが、大きめのギンガムチェックもスマートに着こなせる秘訣です。

see page 56, 82

Denim Dress & Jacket

デニムワンピース&ジャケット

Aラインワンピースの裾をラウンドにカットしたジャケット。
アーガイル柄のデニム地には、ポイントにベージュのステッチを効かせました。
エンブレムをたくさんつけて、ベレーをかぶれば、ミリタリー気分に。

see page 50, 59, 60

French Peplum Dress

フレンチペプラムワンピース

自分らしいおしゃれを楽しむパリのご婦人がイメージのワンピース。
ウエストはきゅっ、腕と首もとはすっきり見える、こだわりのシルエットです。
大ぶりのアクセサリーとヒールで着飾って、とびきり女性らしく。

see page 62, 65

Box Pleats Peplum Dress
ボックスプリーツペプラムワンピース

スクエアネック×ボックスプリーツ×サイドスリットのタイトスカート。
できる大人の女性に似合うエッセンスをちりばめたワンピースです。
合わせるアクセサリー次第で、オフィスにもデートにも。

see page 66

Flare Sleeve Blouse

フレアスリーブブラウス

ペプラムワンピースの身頃をアレンジして、フレアたっぷりブラウスに。
ダーツをなくしているので、頭からかぶって着られる楽チン仕立てです。
幾何学模様みたいなレース素材で、とびきり涼しげな一枚に。

see page 68

Bishop Sleeve Dress

ふんわりスリーブワンピース

たっぷりギャザーのスカートとふんわり袖がノーブルな雰囲気のワンピース。
ハートみたいな衿ぐりが、首もとをすっきり魅力的に見せてくれます。
ファスナー代りにボタンをつけて、バックスタイルに彩りを添えます。

see page 70

Stripe×Stripe Dress

ストライプ×ストライプワンピース

フリルに太めのストライプを合わせた、どこかノスタルジックなワンピース。
太ベルトとスタッズつきバングルを合わせれば、大人パンクスタイルに。
ベロア調のスペアカラーを合わせて、きちんと感を演出するのもおすすめ。

see page 46, 73, 74

Circular Flare Dress

サーキュラーフレアワンピース

たっぷりと布を使った袖とスカートを揺らして、思わず踊りたくなるワンピース。
サーキュラー＝円だからこそ出せる、きれいな形です。
衿ぐりはボートネックでスタイリッシュなイメージに。

see page 76

Kimono-like Dress

きものワンピース

麻の葉に丸菊をあしらった和ムード満点のプリント地を使ったワンピース。
Vネックと着物合せに重ねたスカートで、ディテールも和にこだわりました。
おそろいのがま口バッグと帯風ベルトで、はんなりスタイリング。

see page 65, 80

About tools
用具について

そろえておきたいソーイング用具

ワンピースを縫うために必要な、基本的な用具を紹介します。
長く愛用できる用具をそろえて、早速始めましょう。

ハトロン紙
実物大パターンを写し取るときに使う薄い紙。折り目のないロールタイプが、線が描きやすい。

方眼定規
布地の上で目盛りが確認できて平行線が引きやすい、透明のものが便利。50cm定規がおすすめ。※

メジャー
採寸や、布地の用尺など長いものをはかるときや、カーブの長さをはかるときに。※

裁ちばさみ
布地の裁断専用のはさみ。切れ味が悪くなってしまうので、紙を切ることは厳禁。

糸切りばさみ
糸を切ることはもちろん、短い部分の布地を切るときにも使う。※

まち針
布地やパターンの仮どめに使う。頭のあまり大きくないものが扱いやすい。※

目打ち
縫い目をほどく、ミシンを縫う際に布地を押さえる、形を整える、などの細かい作業に役立つ必須アイテム。

ルレット
チャコピーを使って布地にパターンを写すときに必要。小さな歯車で点線上の印がつく。

ウエイト
パターンを写すときや布地を裁断するときに、ずれないように使う重し。最低2個は必要。

両面チャコピー
パターンを対称に写すときに2枚の布地の間にはさんで使う、両面にインクのついた紙。

手縫い針
しつけをしたり、ボタンやスプリングホックをつけるときに。

しつけ糸
本縫いをする前に、仮縫いをするときに使う糸。手で簡単に切ることができる。

※はクロバーの商品

ミシンの種類

ワンピースを縫うのに不可欠なパートナーであるミシン。
自分のニーズに合ったミシン選びが、楽しいソーイングライフの第一歩です。

家庭用ミシン
直線縫いはもちろん、アタッチメントを替えれば、ジグザグミシンやボタンホールなども縫え、1台で服を縫うために必要な機能が備わっている。
プラスチック製の部品が多く使われているため、職業用ミシンに比べて安価で軽い。洋裁初心者におすすめ。

職業用ミシン
直線縫い専用。家庭用ミシンより回転スピードが速く、モーターの力が強いため、薄手から厚手まで美しく縫うことができる。金属製の丈夫な構造なので、耐久性に優れている。きれいな縫上りにこだわるかた、家庭用ミシンのパワーに物足りなさを感じているかたにおすすめ。

ロックミシン
主な機能は、裁ち端の縁かがり。布をカットしながら、ほつれ止めが同時にできる。飾り縫いに適した巻きロックなども使用できる。

> どんな使い方をしたいかによって適したミシンは違うので、店員さんにご相談を！

意外と知らないミシン糸とミシン針のこと

ミシン糸
丈夫で縫いやすいポリエステル製のスパン糸がおすすめ。数字が大きいほど、糸は細くなる。この本の作品は、特別な指定がない限り、60番（普通地用）を使用。
色は、布地よりやや暗めを選ぶとなじみやすい。多色の柄布地の場合は分量の多い色に合わせ、白ベース柄布の場合は白糸が無難。

ミシン針
数字が大きいほど太くなる。この本の作品はすべて、11番（一般生地用）を使用。この針で、綿、麻、絹など大体の布地を縫うことができる。

ソーイングボックス　篠原ともえデザイン

手作り派のみなさんを応援するお裁縫セットができました。空色トーンのシャボン玉の箱に合わせて、ソーイング用具もおそろいの優しいブルーにカラーリングしました。これから洋裁を始めたいかたや、持ち歩き用のサブ裁縫セットをお探しのかたにぴったりです。※

内容
- ステンレスはさみ
- 糸切はさみ
- まんまるメジャー
- なめらか目打
- ディスク待針
- ぬい針「絆」
- 手ぬい糸4色
- リストピンクッション
- チャコペル水溶性

> 長く愛用できるお裁縫用具をおそろいセットにしました☆

※はクロバーの商品

About measurement
採寸とサイズ補正について

自分のサイズを知る

この本には、S、M、L、LLの4サイズの実物大パターンがついています。
下着をつけた状態で締めつけないように採寸し、自分のヌード寸法を知りましょう。

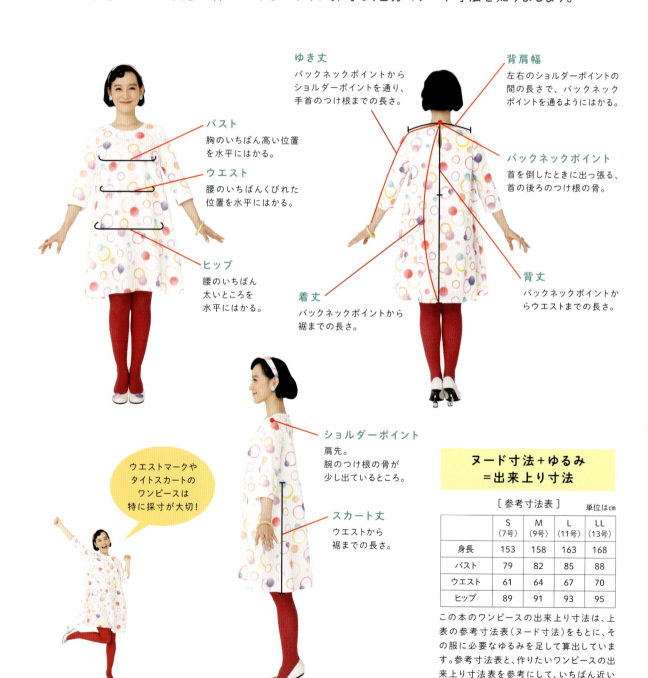

ゆき丈
バックネックポイントからショルダーポイントを通り、手首のつけ根までの長さ。

バスト
胸のいちばん高い位置を水平にはかる。

ウエスト
腰のいちばんくびれた位置を水平にはかる。

ヒップ
腰のいちばん太いところを水平にはかる。

着丈
バックネックポイントから裾までの長さ。

背肩幅
左右のショルダーポイントの間の長さで、バックネックポイントを通るようにはかる。

バックネックポイント
首を倒したときに出っ張る、首の後ろのつけ根の骨。

背丈
バックネックポイントからウエストまでの長さ。

ショルダーポイント
肩先。腕のつけ根の骨が少し出ているところ。

スカート丈
ウエストから裾までの長さ。

ウエストマークやタイトスカートのワンピースは特に採寸が大切！

ヌード寸法＋ゆるみ＝出来上り寸法

［参考寸法表］　単位はcm

	S (7号)	M (9号)	L (11号)	LL (13号)
身長	153	158	163	168
バスト	79	82	85	88
ウエスト	61	64	67	70
ヒップ	89	91	93	95

この本のワンピースの出来上り寸法は、上表の参考寸法表（ヌード寸法）をもとに、その服に必要なゆるみを足して算出しています。参考寸法表と、作りたいワンピースの出来上り寸法表を参考にして、いちばん近いサイズを選びます。このとき、バスト寸法を基準に選ぶと、サイズ補正がしやすいです。

サイズ補正

実物大パターンから作りたいサイズを選んだら、必要に応じて補正をします。
体型別のお悩みは、パターンを直して解決しましょう。

ウエスト切替えのワンピースのウエストを大きくしたい

ダーツ分量で調整します。左右身頃を均等に調整したら、スカートのウエストも同じ寸法になるように調整します。

ウエスト切替えのワンピースのヒップを大きくしたい
〜ウエストはSサイズ、ヒップがMサイズの場合〜

ウエストラインとダーツ、裾はSサイズを写し、ウエストからヒップライン（HL）にかけてMサイズに自然につながるように線を引きます。

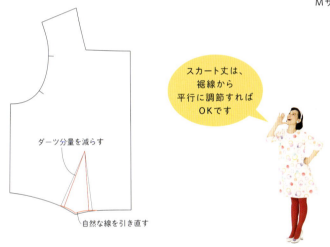
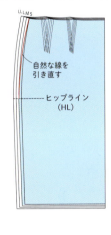

スカート丈は、裾線から平行に調節すればOKです

袖丈を変えたい

実物大パターンから写し取ったパターンを、ひじのあたり（袖丈から袖山の高さを除いた残りの寸法を2等分したところ）で、布目に対して垂直に切り離して調整します。

短くしたい場合
切り離したところを短くしたい寸法分だけ重ね、自然につながるように袖下線を引き直します。

長くしたい場合
切り離したところを長くしたい分だけ紙を足し、自然につながるように袖下線を引き直します。

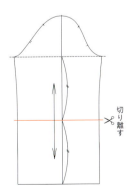

ペプラムも忘れずに

ウエストを調整したら、ペプラムのタック分量も同じ寸法分調整をします。

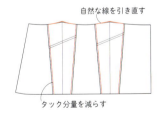

ギャザースカートワンピースは、ギャザー分量を調整します

31

About pattern
実物大パターンについて

パターンの記号と名称

実物大パターンには、縫製に必要な情報がたくさん入っています。
それぞれの記号の意味やルールを知ると、縫製への理解が深まります。

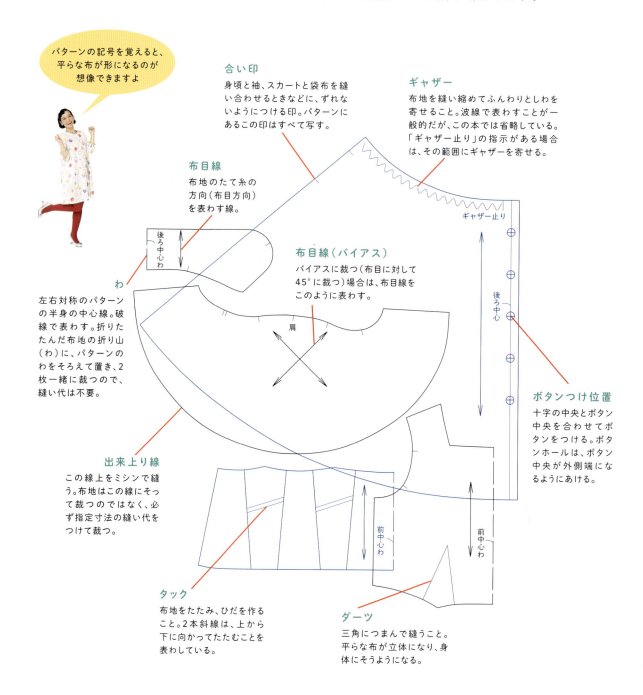

パターンの記号を覚えると、平らな布が形になるのが想像できますよ

合い印
身頃と袖、スカートと袋布を縫い合わせるときなどに、ずれないようにつける印。パターンにあるこの印はすべて写す。

ギャザー
布地を縫い縮めてふんわりとしわを寄せること。波線で表わすことが一般的だが、この本では省略している。「ギャザー止り」の指示がある場合は、その範囲にギャザーを寄せる。

布目線
布地のたて糸の方向（布目方向）を表わす線。

布目線（バイアス）
バイアスに裁つ（布目に対して45°に裁つ）場合は、布目線をこのように表わす。

わ
左右対称のパターンの半身の中心線。破線で表わす。折りたたんだ布地の折り山（わ）に、パターンのわをそろえて置き、2枚一緒に裁つので、縫い代は不要。

ボタンつけ位置
十字の中央とボタン中央を合わせてボタンをつける。ボタンホールは、ボタン中央が外側端になるようにあける。

出来上り線
この線上をミシンで縫う。布地はこの線にそって裁つのではなく、必ず指定寸法の縫い代をつけて裁つ。

タック
布地をたたみ、ひだを作ること。2本斜線は、上から下に向かってたたむことを表わしている。

ダーツ
三角につまんで縫うこと。平らな布が立体になり、身体にそうようになる。

縫い代つきパターンを作る

付録の実物大パターンには、出来上り線がかいてあり、縫い代がついていません。
出来上り線と必要な情報を写して縫い代をつけ、パターンを作ります。

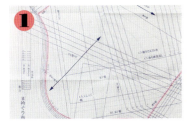

1 実物大パターンを広げ、作りたいワンピースの各パーツ、サイズの出来上り線を、蛍光マーカーでなぞる。2着以上作るときは、色分けをする。

2 実物大パターンにハトロン紙のざらざらした面を上にして重ねる。ウエイトを置き、出来上り線を鉛筆でなぞる。

3 衿ぐりなどの曲線は、点線をかきながらなぞると、フリーハンドでもゆがまずに写すことができる。

4 合い印、布目線、パーツ名などもかき写す。

5 作り方ページの裁合せ図にある寸法の、縫い代線を引く。曲線は、定規を少しずつずらしながら点線をつけるとよい。

6 ハトロン紙を縫い代線にそってはさみで切り取る。

気をつけて！縫い代の落し穴

肩、袖ぐりなどの角、ダーツやタック、タイトスカートの裾などの縫い代のつけ方には注意が必要です。出来上りと同じように紙を折り、縫い代をつけます。

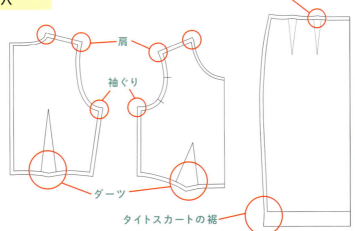

縫い代が余ったり不足しないよう要注意です！

About Cutting and Marking
裁断と印つけについて

布目を通す

布地は、たて糸とよこ糸が垂直に交差していないと、形くずれのおそれがあります。
布目を通して、ゆがみを正しておきましょう。

1 布地の切り口が斜めになっている状態を正すため、よこ糸が1本通るまで抜く。

2 はみ出したたて糸をカットする。ゆがみが確認されるようなら、角を引っ張って整え、アイロンをかける。

裁ち端が直角になっているか、しっかりチェック！

裁断する

裁合せ図を参照して布地の上に縫い代つきパターンを置きます。サイズによって配置が変わることがあるので、すべてのパーツが入ることを確かめてから裁断します。

布地の耳をそろえて、外表で二つ折りにする。

裁合せ図を参照して配置する。

わ パターンに「わ」という記載がある場合は、布地の「わ」にパターンの「わ」を合わせる。2枚一緒に布地を裁つので、左右対称のパーツがとれる。

切り取ったところ。パターンは外さないでおく。

布地の耳とパターンの布目線を平行にして置き、出来上り線より2cmほど内側をまち針でとめる。

布地に対して垂直に、裁ちばさみを根もとから入れる。布地はなるべく動かさず、自分が布地の正面に動いてはさみを入れる。

大きなパーツから位置を決め、小さなパーツをすきまにはめ込んでいきます

印つけ

切り取った布地は、パターンをつけたまま印をつけます。
チャコピーとはさみで入れる印が、縫製をするときのガイドになります。

二つ折りで裁ったので、袖が左右対称に2枚とれました

袖は前後を間違えやすいので、後ろは2本線を入れる。

パーツ名、前後左右、布の表裏なども、チャコペルでかき入れる。

肩線、脇線、ダーツなどの出来上り位置には、縫い代に2mmくらいの小さな切込み（ノッチ）を入れる。合い印にも同様にノッチを入れる。縫製の際は、ノッチをガイドにして縫う。

角やダーツには十字の印をつけます

縫うときに出来上り線がないと心配な場合は、2枚の布の間に両面チャコピーをはさみ、ルレットで出来上り線をところどころ押しつけるようになぞる。

柄合せ

縫製後に柄がきれいに合うように裁断することを「柄合せ」といいます。
縦は柄の中心と前後中心が、横は脇で柄が合うようにするのが基本です。

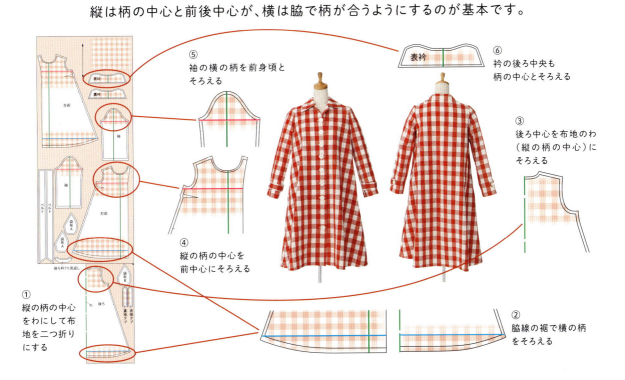

① 縦の柄の中心をわにして布地を二つ折りにする

② 脇線の裾で横の柄をそろえる

③ 後ろ中心を布地のわ（縦の柄の中心）にそろえる

④ 縦の柄の中心を前中心にそろえる

⑤ 袖の横の柄を前身頃とそろえる

⑥ 衿の後ろ中央も柄の中心とそろえる

To improve sewing quality
きれいに縫うために

接着芯・伸止めテープをはる

接着芯とは、裏面にアイロンで溶ける接着剤がついている芯地のこと。
布地に張りを与えて伸びを防ぎ、シルエットづくりをしやすくします。

接着芯
見返し、衿、ベルト、バッグや帽子など、強度を持たせたいところにはる。
この本では、すべてダンレーヌ接着芯R111を使用。薄手の織り地タイプで、ストレッチ性が高く、綿、麻などさまざまな素材の薄手から中厚手の素材に合う。

伸止めテープ
伸止めテープは、接着芯をテープ状にしたものを指す。ポケットロ、見返しをつけない衿ぐりなどにはる。ストレートタイプ、ハーフバイアスタイプなどがあるが、この本の作品では、すべてハーフバイアス12mm〜15mmを使用。

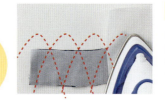

接着芯をはるときは…
中温のアイロンで当て紙（ハトロン紙など）をし、アイロンで押さえる。アイロンはすべらせずに、1か所を10秒くらいずつ押さえてはる。

> アイロンはすべらせないで。布地がゆがんでしまいます

返し縫いと縫い代の始末

裁断した布の切り口（裁ち端）は、縁かがり専用のロックミシンをかけるか、家庭用ミシンについているジグザグミシンでほつれを防ぎます。

> ギャザーミシンやいせミシンなど返し縫いをしない場合もありますよ

返し縫い

バックで2〜3針縫ってから、同じところに重ねて縫うことを「返し縫い」という。縫始めと縫終りは、返し縫いを習慣づけることが大切。

縫い代を割る

あらかじめ縫い代端にロックミシンをかけておく。布地を中表に合わせて縫い、縫い代をアイロンで中央から左右に開く。

縫い代を倒す（片返し）

布地を中表に合わせて縫い、縫い代を2枚一緒にロックミシンをかける。アイロンでミシン目から折る。

部分縫い

ギャザーはスカートや袖に、タックは胸やウエストに立体感を出すためよく使うテクニック。
角縫いがきれいにできると、仕上りのよさがぐんと上がります。

返し縫いは
しません

ギャザー

1 出来上り線より縫い代側に大きな針目のミシンを2本かける。範囲がある場合は、ギャザー止りより2〜3cmずつ長めに縫う。

2 2本一緒に下糸を引いてギャザーを寄せる。

3 目打ちを使い、ギャザーを均等に整える。

4 ギャザーを寄せた縫い代部分をアイロンで押さえる。

ダーツ

1 ダーツの広い側から先に向かってミシンで縫う。返し縫いはせず、糸端を約10cm残して切る。

2 糸端を2本一緒に結ぶ。輪に目打ちを入れて糸を引くと、際で結び目を作ることができる。

3 糸端に針を通し、ダーツを倒して隠れる側の縫い目にくぐらせる。4〜5目くぐらせたら、余分な糸をカットする。

4 ダーツを倒し、袖まんじゅうなどの丸みを利用して縫い目を開くようにアイロンをかける。

凸角

1 角はミシンの針を刺したまま押え金を上げ、布を回して向きを変え、再び押え金を下して縫う。角が直角に縫えたところ。

2 縫い代をアイロンで2枚一緒に縫い目で折る。もう一辺もアイロンで折り、角の縫い代をたたむ。

3 表に返し、目打ちを使って角を引き出して整える。

4 アイロンで整える。

スクエアネックも
これでばっちり☆

凹角

1 凸角と同様に角を直角に縫い、角の縫い代に縫い目の際まで斜めに切込みを入れる。

2 切込みを入れたところ。

3 縫い代をアイロンで2枚一緒に縫い目で折る。もう一辺もアイロンで折る。

4 表に返し、アイロンで整える。

Let's sew your dress
ワンピースを縫ってみましょう

p.6の「Aラインワンピース」のパターンを使って、
ワンピースの縫い方をレッスンしましょう。

b Aラインワンピース

実物大パターンA面

材料

各サイズ共通
布［バニランプリント・シノラーリング］
…110cm幅2.6m
接着芯（前後衿ぐり見返し）…90cm幅30cm
伸止めテープ（ポケット口）…12～15mm幅70cm
ボタン…直径13mmを1個

出来上り寸法表　単位はcm

	S	M	L	LL
バスト	94.5	97.5	100.5	103.5
ウエスト	126	129	132	135
背肩幅	36	37	38	39
着丈	86	87	88	89
ゆき丈	61	62.5	64	65.5

準備

- 前後衿ぐり見返しに接着芯をはる。
- 前後ポケット口に伸止めテープをはる。
- 前後身頃の肩、後ろ脇、裾、袖下、袖口、前後衿ぐり見返しの端、袋布の口にロックミシンをかける（ジグザグミシンで代用可）。

柄の上下があるプリント地は、パターンの上下もそろえて裁つ。

袋布の布目は、伸びにくい縦地に裁つ。

布ループの布目は、伸びやすいバイアスに裁つ。

ロックミシンのあとにアイロンをかけると仕上がりが断然good！

ほつれやすい布地を使う場合や、丈を調整したい場合は、縫い代を多めにとっておく。

見返しの接着芯は、粗裁ちした布地の裏にあらかじめ接着芯をはってから切り取る。

左右にひらいたパターンを作って配置します

〔裁合せ図〕 110cm幅 260cm

袖 2.5
袋布A 0.7
袋布B
布ループ（1枚） 0 8 2
前 2
後ろ衿ぐり見返し（1枚） 0.7 0 0.7
前衿ぐり見返し（1枚） 2
後ろ 2 わ
2

＊指定以外の縫い代は1cm
＊▨は接着芯・伸止めテープをはる
＊〰はロックミシンをかけるところ

衿ぐりの縫い代は0.7cm、肩は1cmなので、お間違えなく☆

ONE POINT

布地の幅は90cm、110cm、140cmなどいろいろあります。
同じ服を作るのでも、布幅によって必要な長さが変わってきます。
たとえば、このワンピースを140cm幅の布地で作る場合の用尺は2.2mに。本で使用している布幅よりも狭いものを使うときは、特に注意が必要。

〔裁合せ図〕 140cm幅 220cm

袖 わ 前
袋布A
袋布B
後ろ衿ぐり見返し（1枚）
前衿ぐり見返し（1枚）
後ろ
布ループ（1枚） 8 2
わ

＊縫い代、接着芯・伸止めテープ、ロックミシンについては左図と同じ

布ループを作る

1 布ループを中表に合わせて縫い、返し縫いをする。広めに縫った側の縫い代に糸をつけて縫い針に通し、表に返す。

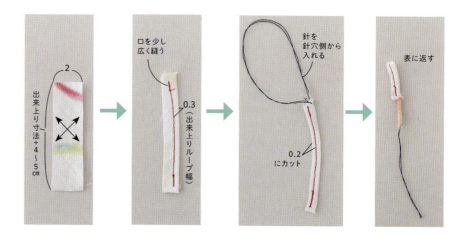

2
アイロンでU字になるように整え、必要な寸法(ここでは4cm)にカットする。

3
布ループができたところ。

ボタンの大きさや厚みによって、必要なループの長さは変わります

胸のダーツを縫う

袖まんじゅう
丸みを生かした仕上げのためのアイロン台。固く丸めた新聞紙を綿の布地で包めば代用品に。

4
前身頃の胸のダーツを中表に合わせて縫い、裏側を始末する(→p.37「部分縫い」参照)。

5
ダーツは下に倒し、アイロンで整える(→p.37「部分縫い」参照)。

6
ダーツの出来上り。もう片方も同様にダーツを縫い、脇にロックミシンをかける。

肩を縫う

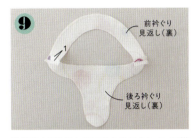

7　前後身頃の肩を中表に合わせ、縫う。

8　縫い代は割る。もう片方も同様に縫う。

9　前後衿ぐり見返しの肩を中表に合わせ、同様に縫う。縫い代は割る。

衿ぐりと後ろスラッシュあきを縫う

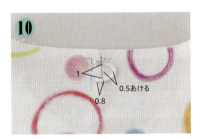

＊スラッシュあきを縫うときループがずれないように注意

10　ループを後ろあきにまち針でとめ、ミシンで仮どめする。

11　身頃と衿ぐり見返しを中表に合わせ、衿ぐりと後ろスラッシュあきを続けて縫う。

12　後ろスラッシュあきの中心をカットする。

＊縫い目を切らないように気をつけて、ぎりぎりまでカット

ZOOM UP　肩の縫い代は三角に切り落とす。

13　衿ぐりのカーブがつれないように、1cm間隔で縫い目の際まで切込みを入れる。

ZOOM UP　あき止りまでカットしたら、Y字に切込みを入れる。

14 縫い代をアイロンで縫い目の際から身頃側に倒す。

15 見返しを表に返し、さらにアイロンで整える。

16 衿ぐりと後ろスラッシュあきを続けて身頃側からステッチをかける。

こうすることで見返しが安定します♪

脇を縫う

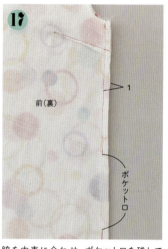

17 脇を中表に合わせ、ポケット口を残して縫う。ポケット口の上下はそれぞれ返し縫いをする。

18 縫い代は割る。縫い目のないポケット口も同様にアイロンで割る。

ポケットを縫う

19 袋布のポケット口はロックミシンで始末しておく。

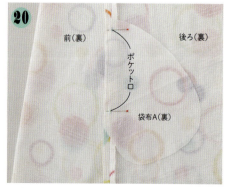
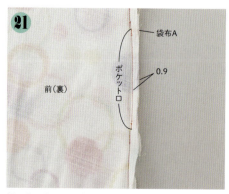

20 前身頃の縫い代の端と袋布Aの端をそろえ、ポケット口をまち針でとめる。

21 縫い代を起こして身頃側からポケット口を縫う。

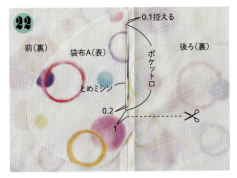

このポケットを他のワンピースやスカートでも応用してみて☆

㉒ 袋布Aを縫い目からアイロンで折り、袋布の縫い代に切込みを入れる。ポケット口の縫い代にとめミシンをかける。

㉓ 袋布Aに袋布Bを中表に重ね、後ろ身頃の縫い代の端と袋布Bの端をそろえ、縫い代を起こして後ろ身頃側からポケット口を縫う。

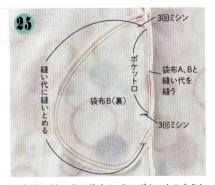
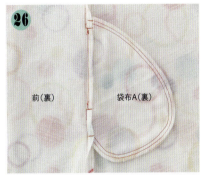

㉔ 袋布A、Bを合わせて2回縫う。縫い代は2枚一緒にロックミシンをかける。

㉕ 前身頃の縫い代と袋布A、Bのポケット口をミシンで3回重ねて縫う。袋布を身頃の縫い代に縫いとめる。

㉖ 袋布A側から見たところ。

袖を縫う

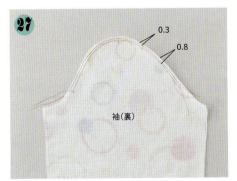

㉗ 袖山の出来上り線より外側に、大きな針目のミシンを2本かける。これをいせミシンという。

袖を立体的にするための大切なテクニックです

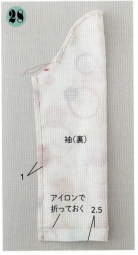

㉘ 袖を中表に合わせ、袖下を縫う。

㉙ 袖下の縫い代は割り、袖口を二つ折りにして縫う。

袖をつける

30 袖のいせミシンの糸を引いて、身頃の袖ぐり寸法に縮める。

31 袖山の丸みに袖まんじゅうを当て、アイロンの先でいせミシンのギャザーのふくらみをタック状にならないようにつぶす。

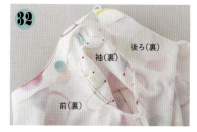

32 袖を身頃の中に入れて中表に重ね、合い印を合わせてまち針でとめる。

このしつけは美しい仕上りのために必須です

袖下は負担がかかるので、しっかり2度縫い!

33 袖ぐりにしつけをする。

34 袖側を見ながらミシンでぐるりと縫う。

35 袖下は10cmくらい2回重ねて縫う。縫い代は2枚一緒にロックミシンをかけ、袖ぐり上半分を袖側に倒す。

裾を縫う

アイロン定規
カーブ辺と短長の直線辺があると便利。厚紙で手作りすることも。

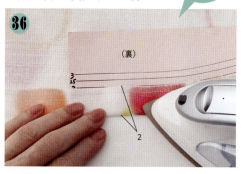

素材によってはまつり縫いで仕上げましょう

36 裾の縫い代をアイロンで折り上げる。アイロン定規があると、早く美しく折ることができる。

37 試着して着丈を確認してから、裾を裏から縫う。

仕上げ

このひと手間で見返しがめくれてくるのを防ぎます

見返しの端を身頃の縫い代にまつりつける。

布ループと合わせて、突合せになる位置にボタンをつける。

FINISH
ワンピースができました！

FRONT　　　BACK

Advanced lesson
スペアカラーの作り方

p.7、p.22のワンピースに合わせているスペアカラーを作ってみましょう。

スペアカラー
[実物大パターンA面]

布［綿別珍］…110cm幅40cm
接着芯（表衿、表土台布）…90cm幅40cm
スナップ…直径6mmを5組み

別珍は、左右の衿で毛足の方向をそろえて裁つことが大切☆

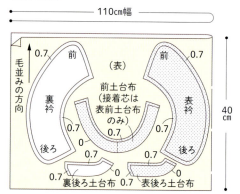

〔裁合せ図〕

＊指定以外の縫い代は1cm
＊　　　は接着芯をはる

衿を縫う

1 表衿、表土台布に接着芯をはり、表衿と裏衿を中表に重ねて、外回りを縫う。

2 衿先のカーブの縫い代を5mmほどにカットする。

3 カーブの縫い代にギャザーミシン（大きな針目のミシン）をかける。

衿のカーブの縫い代をなめらかに整えるための工夫です

4 糸を引いて、カーブに合わせてギャザーを寄せる。縫い代を❶の縫い目の際から表衿側に折ってギャザーをつぶす。

5 表に返し、アイロンで整える。別珍を使用している場合は共布を当て布にするとよい。

6 裁ち端側は無理にそろえようとせず、ずれたまま平らにして、しつけをする。

土台布を縫う

左右衿の前中心の出来上がりが合うように、しつけ糸で縫いとめる。

表前土台布と表後ろ土台布の肩を縫い合わせる。裏前土台布と裏後ろ土台布も同様に縫い合わせる。縫い代は割る。

衿と土台布を縫い合わせる

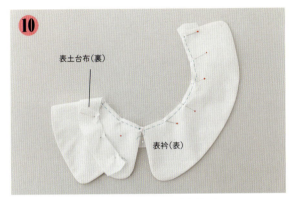

土台布のつけ寸法に合わせて、衿ぐりの縫い代をアイロンで伸ばす。

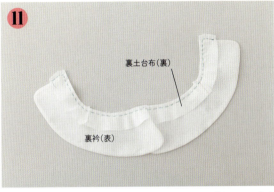

表土台布(表)の上に表衿を上にして重ね、まち針でとめる。

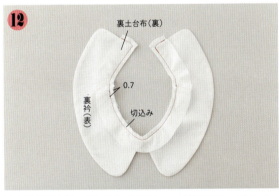

裏衿(表)の上に裏土台布を中表に重ね、衿ぐりと両端をしつけをかけて縫い合わせる。

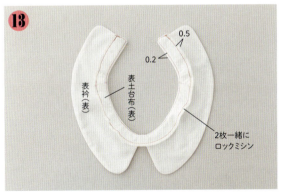

衿ぐりと両端を縫い合わせる。衿ぐりのカーブがつれないように、1cm間隔で縫い目の際まで切込みを入れる。

表に返し、土台布の外回りにステッチとロックミシンをかける。

完成。表土台布の指定の位置にスナップ(凸)をつける。ワンピースの衿ぐり見返しにスナップ(凹)をつける。

他のワンピースも、同じ衿ぐりにアレンジしておけば、このスペアカラーが使えますよ

Tomoe's Dress Snap
ともえ流アレンジスナップ

この本でご紹介しているパターンは、身頃、スカート、袖どうしを交換することができ、
前作『ザ・ワンピース』に掲載の身頃とスカートのパターンも組み合わせることができます。
みなさんも、ハンドメイドの世界を広げてくださいね。

p.6のワンピースをウールで。
飾りボタンとアクセサリーに使った
ファーポンポンがポイント♪

p.24のワンピースを
ウェットスーツの素材で。
ほつれないから、裾は切りっぱなし!

p.24のワンピースを春色のアレンジ。
この"Sakura Tsubaki"の布は、
しのはらデザイン。

チェックの布地がちょっとだけ
あったので、p.7のスペアカラーと
カフスに活用しました。

青空柄ワンピースで海へ!
『ザ・ワンピース』に掲載の身頃に、
p.24のスカートを組み合わせて。

家紋柄コーディネートでは、
p.10のコートワンピースに
p.12の袖をつけて。
がま口バッグもおそろい。

p.8のワンピースを
TOMOE★DESIGN "星座★物語"で。
七分袖にアレンジして、
セーラーカラーとカフスにテープをプラス。

ブラックウォッチチェックで
大人っぽい装いは、p.22のワンピースの
着丈を短くしたもの。

『ザ・ワンピース』のパフスリーブ
ワンピースの袖丈を長くして
p.20のカフスをつけて。
パールのつけ衿で上品な装い。

浮世絵のパネル柄プリント地を
『ザ・ワンピース』の開衿ワンピースの
長袖アレンジ+p.20のカフスに。

p.6の身頃にp.24の袖をつけて。
『ザ・ワンピース』に掲載の
リボンクラッチをハンドバッグ風に。

大漁旗のプリント地を使って、
カバーのコートワンピース。
パネル柄は柄合せが大切☆

Basic Technique
手縫いの基礎テクニック

玉結び

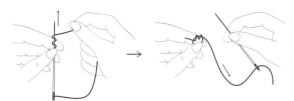

針先に2〜3回
糸を巻きつけて針を抜く

糸を引き締める

縫始めの糸が抜けないように作る結び玉のこと。針先に2〜3回糸を巻きつけて針を抜き、糸を引き締める。

玉止め

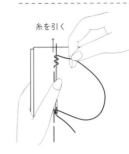

糸を引く

縫終りの糸が抜けないように作る結び玉のこと。針先に2〜3回糸を巻きつけて針を抜き、糸を引き締める。

普通まつり

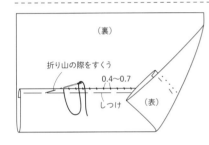

折り山の際をすくう
(裏)
0.4〜0.7
しつけ
(表)

布端を折ってしっかりとめつける方法。折り山に針を出し、織り糸1〜2本をすくう。

奥まつり

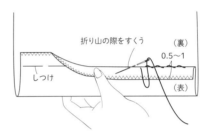

折り山の際をすくう
(裏)
0.5〜1
しつけ
(表)

縫い代をめくり、折り山の際に針を出し、織り糸1〜2本をすくう。

ボタンのつけ方

②ボタン穴に糸を通す
①1針すくう
玉結び

糸足
③ボタンと布の間を浮かせて、2〜3回糸を通す

④糸足に上から下へ糸を巻く

⑤最後の糸の輪に針をくぐらせて糸を引き締める

⑥布地の裏に針を出して玉止め

⑦針を表に出して糸を切る

スナップのつけ方

①糸の輪に針を通して糸を引いて結び玉を作り、とめつける

②最後は、玉止めをしてスナップの下に引き込んで糸を切る

スプリングホックのつけ方

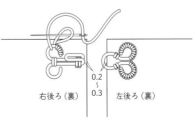

0.2〜0.3
右後ろ(裏)　左後ろ(裏)

ファスナーを閉めたときに、すきまがあかないようにつける。
後ろ中心の上端につける場合、ホックがかけやすいように、利き手側（右利きの場合は右身頃）につける。

a-① ノースリーブワンピース、e-① デニムワンピース

実物大パターンA面

【材料】各サイズ共通
布 p.4 a-①［アートピケマーガレット］…112cm幅2.2m
　 p.12 e-①［9オンスのアーガイル柄デニム地］…145cm幅2m
接着芯（前後衿ぐり見返し、前後袖ぐり見返し）…90cm幅30cm
伸止めテープ（ポケット口）…12〜15mm幅70cm
ボタン…直径13mmを1個

【作り方】8以外はp.38「Aラインワンピース」参照
準備
・ 前後衿ぐり見返し、前後袖ぐり見返しに接着芯をはる。
・ 前後ポケット口に伸止めテープをはる。
・ 前後身頃の肩、後ろ脇、裾、前後衿ぐり見返しの端、前後袖ぐり見返しの端、袋布の口にロックミシンをかける。

1 胸ダーツを縫う。縫い代は下に倒す。前脇にロックミシンをかける。
2 身頃の肩、見返しの肩を縫う。縫い代は割る。
3 布ループを作る。
4 後ろ身頃のスラッシュあきの位置に布ループを仮どめする。身頃と衿ぐり見返しを中表に合わせて衿ぐり、スラッシュあきを続けて縫う。表に返してステッチをかける。
5 ポケット口を残して脇を縫う。縫い代は割る。
6 ポケットを作る。
7 裾を二つ折りにして縫う。
8 袖ぐり見返しの肩と脇を縫う。縫い代は割る。身頃と袖ぐり見返しを中表に合わせて袖ぐりを縫う。表に返してステッチをかける。
9 後ろ衿ぐりにボタンをつける（p.49参照）。肩と脇の縫い代に見返しの端をとめる。

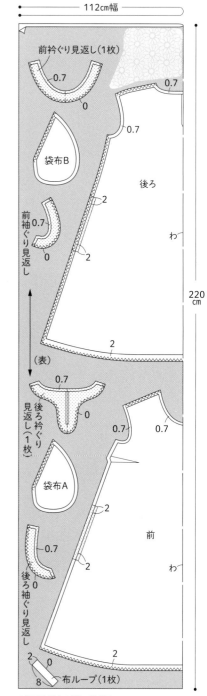

a-①
【裁合せ図】
アートピケマーガレット

出来上り寸法表　単位はcm

	S	M	L	LL
バスト	94.5	97.5	100.5	103.5
ウエスト	126	129	132	135
背肩幅	43.5	44.5	45.5	46.5
着丈	86	87	88	89

＊指定以外の縫い代は1cm
＊ ▨ は接着芯・伸止めテープをはる
＊ ～～～ はロックミシンをかける

e-①
【裁合せ図】
9オンスのアーガイル柄デニム地

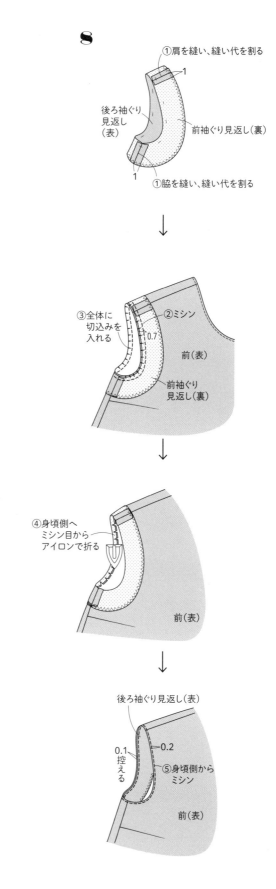

* 指定以外の縫い代は1cm
* ▨は接着芯・伸止めテープをはる
* ᜊᜊᜊはロックミシンをかける

a-② ボレロ

実物大パターンB面

【材料】各サイズ共通
布［アートピケマーガレット］…112cm幅1.9m
接着芯（前見返し、後ろ衿ぐり見返し）…90cm幅50cm
スプリングホック…1組み

【作り方】
準備
- 前見返し、後ろ衿ぐり見返しに接着芯をはる。
- 前後身頃の肩、脇、裾、袖下、袖口、前見返しの端、後ろ衿ぐり見返しの端にロックミシンをかける。

1 身頃の肩、見返しの肩を縫う。縫い代は割る。
2 脇を縫う。縫い代は割る。
3 身頃と見返しを中表に合わせて前端と衿ぐりを縫い、表に返す。
4 裾を二つ折りにして裾、前端、衿ぐりにステッチをかける。
5 袖下を縫う。縫い代は割る。
6 袖口を二つ折りにして縫う。
7 袖をつける。縫い代は2枚一緒にロックミシンをかけて袖側に倒す。
8 前中心にスプリングホックをつける（p.49参照）。肩の縫い代に見返しの端をとめる。

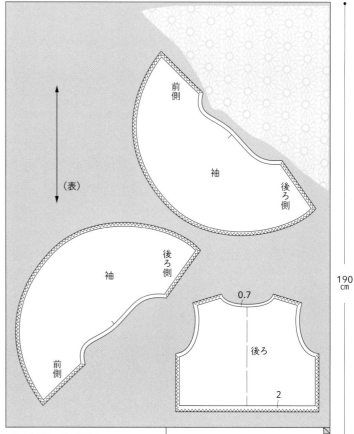

【裁合せ図】

* 指定以外の縫い代は1cm
* ▨ は接着芯をはる
* ⌇⌇⌇ はロックミシンをかける

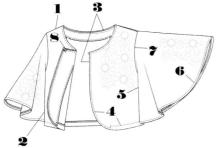

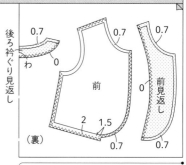

出来上り寸法表				単位はcm
	S	M	L	LL
バスト	90.5	93.5	96.5	99.5
背肩幅	34.5	35.5	36.5	37.5
着丈	33	33.5	34	34.5

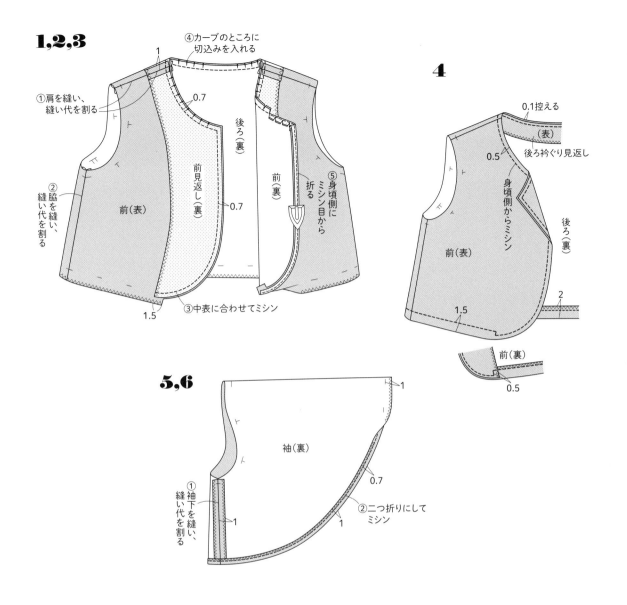
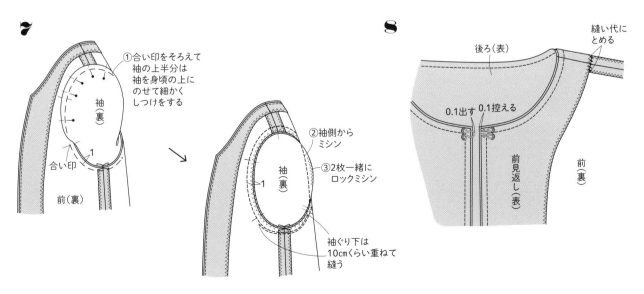

page 8

c セーラーカラーワンピース

実物大パターンA、B面

【材料】各サイズ共通
布［星の綿麻］（身頃、袖、見返し、袋布）
…110cm幅（プリント有効幅105cm）2.4m
［コットンリネンレジェール］（衿、カフス）
…105cm幅50cm
接着芯（前後衿ぐり見返し、表衿、表カフス）…90cm幅50cm
伸止めテープ（ポケット口）…12〜15mm幅70cm
スプリングホック…1組み
リボン…10mm幅を1m
ブローチピン…1個

【作り方】1〜5、8、10はp.38「Aラインワンピース」参照

準備
・ 前後衿ぐり見返し、表衿、表カフスに接着芯をはる。
・ 前後ポケット口に伸止めテープをはる。
・ 前後身頃の肩、後ろ脇、裾、袖下、前後衿ぐり見返しの端、袋布の口にロックミシンをかける。

1 胸ダーツを縫う。縫い代は下に倒す。前脇にロックミシンをかける。
2 身頃の肩、見返しの肩を縫う。縫い代は割る。
3 ポケット口を残して脇を縫う。縫い代は割る。
4 ポケットを作る。
5 裾を二つ折りにして縫う。
6 衿を作る。
7 身頃に衿を仮どめし、見返しと合わせて衿ぐり、スラッシュあきを続けて縫う。表に返してステッチをかける。
8 袖山にいせミシンをかける。袖下を縫う。縫い代は割る。
9 カフスを作り、つける。縫い代は3枚一緒にロックミシンをかけて袖側に倒す。
10 袖山をアイロンでいせ込み、袖をつける。縫い代は2枚一緒にロックミシンをかけて袖側に倒す。
11 前中心にスプリングホックをつける（p.49参照）。肩の縫い代に見返しの端をとめる（p.45・38参照）。
12 リボンブローチを作る。

【裁合せ図】

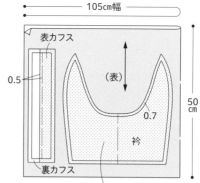
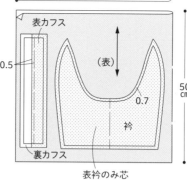
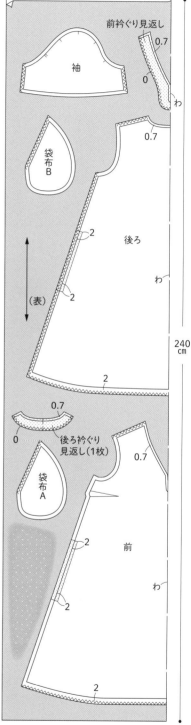

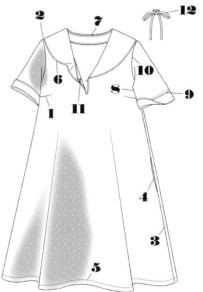

＊指定以外の縫い代は1cm
＊ ░░░ は接着芯・伸止めテープをはる
＊〜〜〜 はロックミシンをかける

出来上り寸法表　　　単位はcm

	S	M	L	LL
バスト	94.5	97.5	100.5	103.5
ウエスト	126	129	132	135
背肩幅	35	36	37	38
着丈	86.5	87.5	88.5	89.5

6

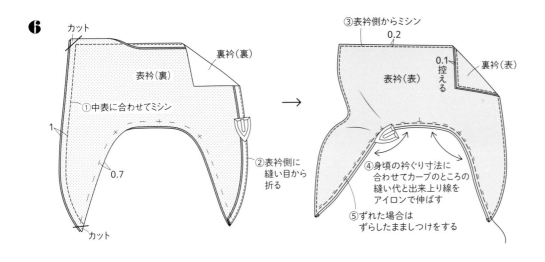

7

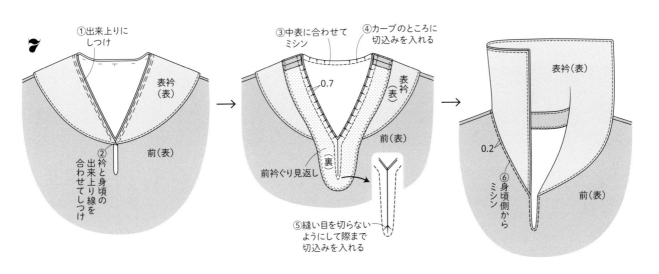

9

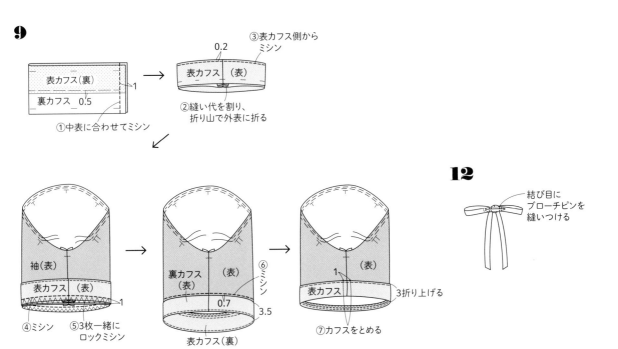

12

結び目にブローチピンを縫いつける

page 10 dコートワンピース

実物大パターンA、B面

【材料】各サイズ共通
布[ハーフリネンチェック・大]…110cm幅3.7m
接着芯(前端、前見返し、後ろ衿ぐり見返し、表衿、表袖タブ、表ベルト、裏ベルト)…90cm幅1.3m
伸止めテープ(ポケット口)…12〜15mm幅70cm
ボタン…直径25mmを10個、20mmを2個
バックル…縦4.5×横8.5cm(内寸横6.5cm)を1個

【作り方】1〜4,10,11はp.38「Aラインワンピース」参照

準備
・ 前端、前見返し、後ろ衿ぐり見返し、表衿、表袖タブ、表ベルト、裏ベルトに接着芯をはる。
・ 前後ポケット口に伸止めテープをはる。
・ 前後身頃の肩、後ろ脇、裾、袖下、袖口、前見返しの端、後ろ衿ぐり見返しの端、袋布の口にロックミシンをかける。

1 胸ダーツを縫う。縫い代は下に倒す。前脇にロックミシンをかける。
2 身頃の肩、見返しの肩を縫う。縫い代は割る。
3 ポケット口を残して脇を縫う。縫い代は割る。
4 ポケットを作る。
5 衿を作る。
6 身頃に衿を仮どめし、見返しと合わせて衿ぐりを縫う。縫い代を整理して表に返す。
7 見返しの下を縫い返し、裾を二つ折りにして裾、前端、衿ぐりにステッチをかける。
8 袖タブを作る。
9 袖山にいせミシンをかける(p.43・27参照)。袖タブを仮どめし、アイロンで袖口を出来上りに折る。袖口の縫い代を広げて袖下を縫う。縫い代は割る。
10 袖口を二つ折りにして縫う。
11 袖山をアイロンでいせ込み、袖をつける。縫い代は2枚一緒にロックミシンをかけて袖側に倒す。
12 前中心にボタンホールを作り、ボタンをつける(p.49参照)。袖タブに飾りボタンをつける。肩の縫い代に見返しの端をとめる(p.45・38参照)。
13 ベルトを作る。

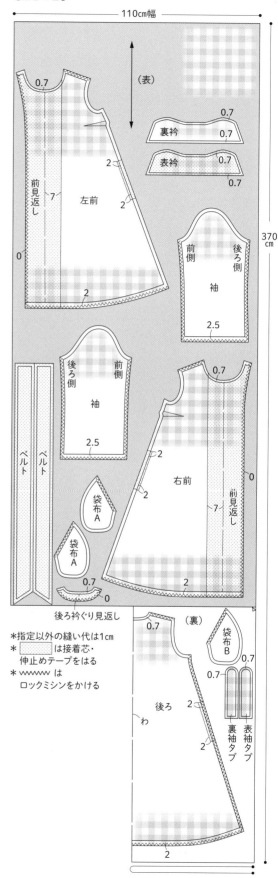

【裁合せ図】

*指定以外の縫い代は1cm
* ▨ は接着芯・伸止めテープをはる
* ∿∿∿ はロックミシンをかける

出来上り寸法表　単位はcm

	S	M	L	LL
バスト	94.5	97.5	100.5	103.5
ウエスト	126	129	132	135
背肩幅	35	36	37	38
着丈	96.5	97.5	98.5	99.5
ゆき丈	72	73.5	75	76.5

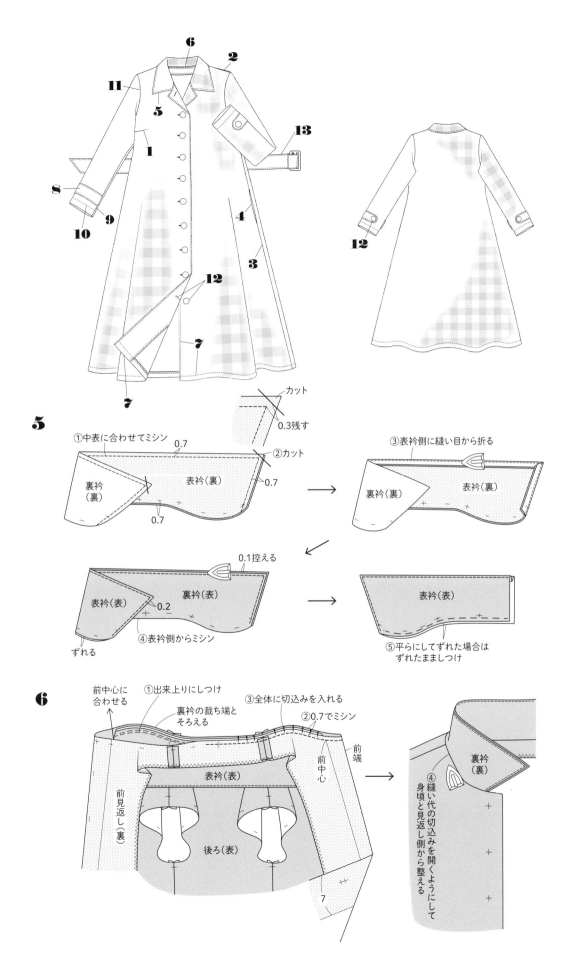

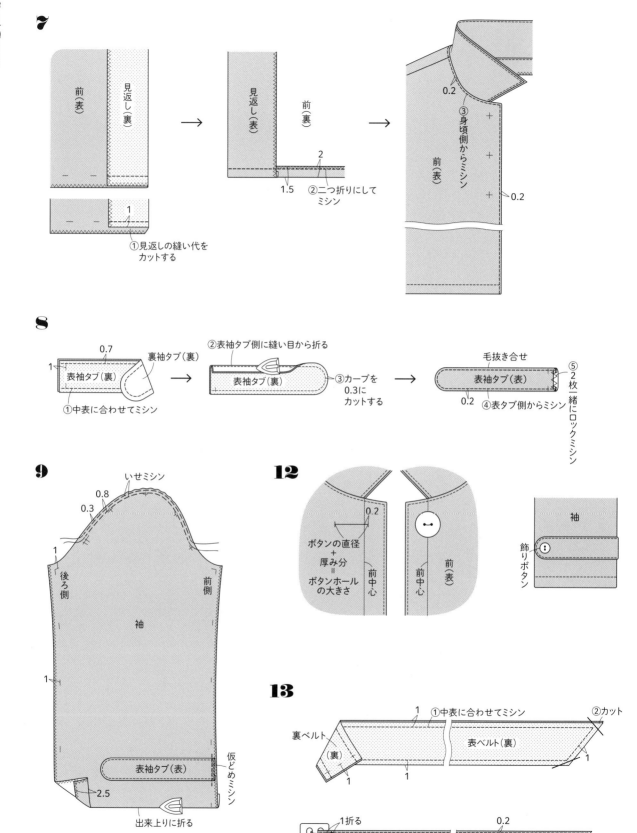

e デニムベレー

実物大パターンA面

【材料】
布[9オンスのアーガイル柄デニム地]…145cm幅50cm
接着芯(表トップクラウン、表サイドクラウン、ベルト)…90cm幅60cm

【作り方】
準備
・表トップクラウン、表サイドクラウン、ベルトに接着芯をはる。
1 表サイドクラウン、裏サイドクラウンの後ろ中心を縫う。縫い代は割る。
2 表と裏のトップクラウンとサイドクラウンをそれぞれ縫い合わせる。縫い代は割って、ステッチをかける。
3 クラウンを外表に重ねて仮どめし、ベルトをつける。

【裁合せ図】

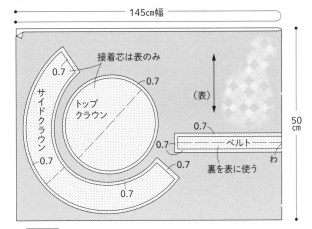

* ▨ は接着芯をはる

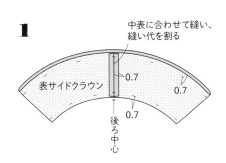

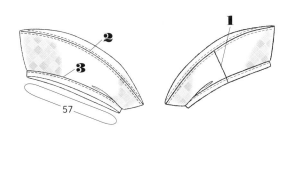

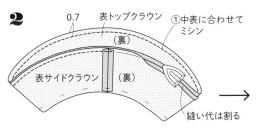

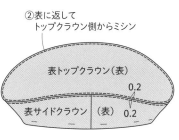

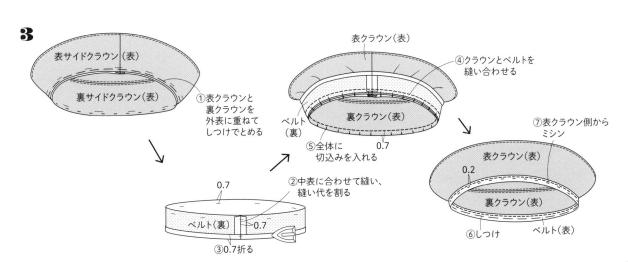

e-② デニムジャケット

実物大パターンA、B面

【材料】各サイズ共通
布[9オンスのアーガイル柄デニム地]…145cm幅1.8m
接着芯(前端、前見返し、後ろ衿ぐり見返し、表衿)…90cm幅80cm
伸止めテープ(ポケット口)…12〜15mm幅70cm
ボタン…直径18mmを8個
スナップ…直径16mmを4組み

【作り方】1〜4,8,10はp.38「Aラインワンピース」参照

準備
・前端、前見返し、後ろ衿ぐり見返し、表衿に接着芯をはる。
・前後ポケット口に伸止めテープをはる。
・前後身頃の肩、後ろ脇、裾、袖下、袖フリルの脇、前見返しの端、後ろ衿ぐり見返しの端、袋布の口にロックミシンをかける。

1 胸ダーツを縫う。縫い代は下に倒す。前脇にロックミシンをかける。
2 身頃の肩、見返しの肩を縫う。縫い代は割る。
3 ポケット口を残して脇を縫う。縫い代は割る。
4 ポケットを作る。
5 衿を作る。
6 身頃に衿を仮どめし、見返しと合わせて衿ぐり、前端を続けて縫う。縫い代を整理して表に返す。
7 裾を二つ折りにして裾、前端、衿ぐりにステッチをかける。
8 袖山にいせミシンをかける。袖下を縫う。縫い代は割る。
9 袖フリルを作り、つける。縫い代は2枚一緒にロックミシンをかけて袖側に倒し、ステッチをかける。
10 袖山をアイロンでいせ込み、袖をつける。縫い代は2枚一緒にロックミシンをかけて袖側に倒す。
11 前中心にスナップをつけ、飾りボタンをつける(p.49参照)。肩の縫い代に見返しの端をとめる(p.45・38参照)。

【裁合せ図】

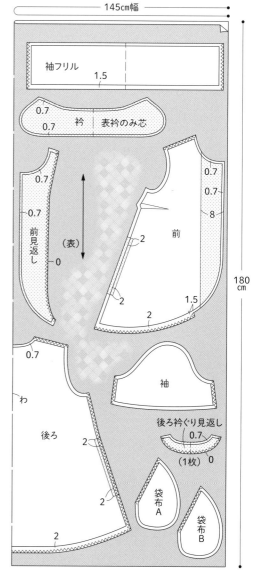

*指定以外の縫い代は1cm
* ▨ は接着芯・伸止めテープをはる
* ∿∿∿ はロックミシンをかける

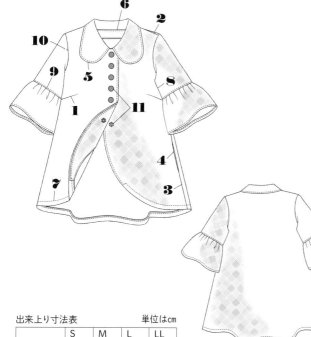

出来上り寸法表　　単位はcm

	S	M	L	LL
バスト	95	98	101	104
ウエスト	121	124	127	130
背肩幅	35	36	37	38
着丈	66.5	67	67.5	68

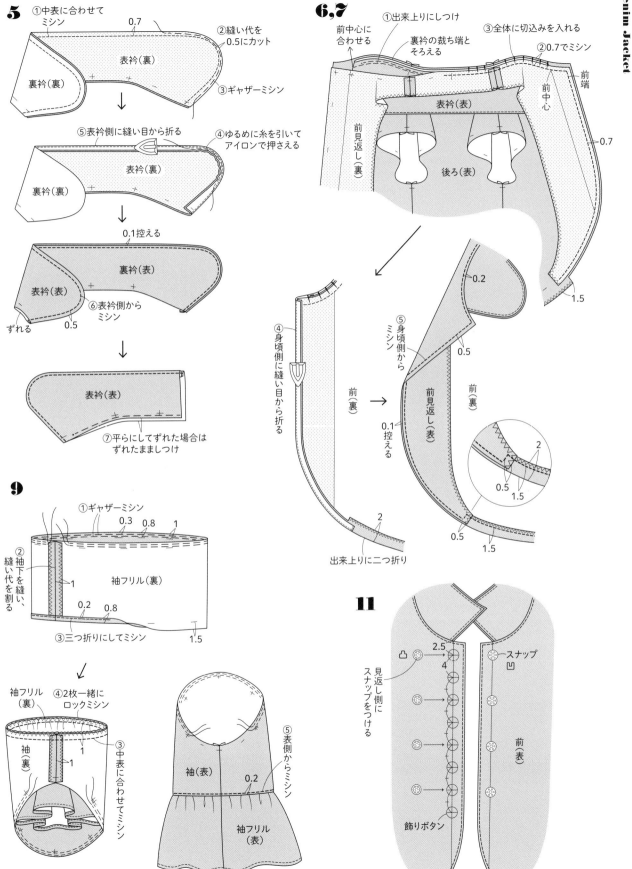

f フレンチペプラムワンピース

実物大パターンC、D面

【材料】各サイズ共通
布［力織機で織ったコットン］…110cm幅2.2m
接着芯（前後衿ぐり見返し、前後袖ぐり見返し、スリットあき）…90cm幅30cm
伸止めテープ（ペプラム後ろ中心）…12〜15mm幅60cm
コンシールファスナー…56cmを1本
スプリングホック…1組み

【作り方】
準備
- 前後衿ぐり見返し、前後袖ぐり見返し、スリットあきに接着芯をはる。
- ペプラムの後ろ中心に止めテープをはる。
- 前後身頃の肩、脇、後ろ中心、前後スカートの脇、裾、後ろ中心、前後ペプラムの脇、裾、後ろ中心、前後衿ぐり見返しの端、前後袖ぐり見返しの端にロックミシンをかける。

1. ペプラムを作る。
2. スカートのダーツを縫う（p.37参照）。縫い代は中心側に倒す。
3. スカートの脇を縫う。縫い代は割る。
4. 身頃のウエストダーツを縫う。縫い代は中心側に倒す。
5. 身頃の脇を縫う。縫い代は割る。
6. スカートのウエストにペプラムを仮どめし、身頃と縫い合わせる。縫い代は3枚一緒にロックミシンをかけて身頃側に倒し、ステッチをかける。
7. スカートの後ろ中心のファスナー止りからスリット止りまでを縫う。縫い代は割る。
8. ファスナーをつける。
9. 身頃の肩、見返しの肩を縫う。縫い代は割る。
10. 身頃と衿ぐり見返しを中表に合わせて衿ぐりを縫う。表に返してステッチをかける。
11. 袖ぐり見返しの肩と脇を縫う（p.51・8参照）。縫い代は割る。身頃と袖ぐり見返しを中表に合わせて袖ぐりを縫う。表に返してステッチをかける。
12. スカートの裾を二つ折りにしてまつる。スリットを始末する。
13. 後ろ中心にスプリングホックをつける（p.49参照）。肩と脇の縫い代に見返しの端をとめる（p.45・38参照）。

【裁合せ図】

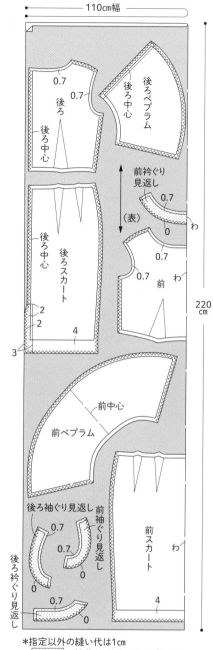

* 指定以外の縫い代は1cm
* ░░ は接着芯・伸止めテープをはる
* ～～ はロックミシンをかける

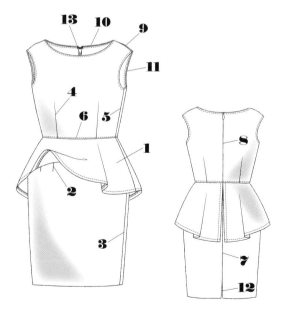

出来上り寸法表　単位はcm

	S	M	L	LL
バスト	91	94	97	100
ウエスト	67	70	73	76
背肩幅	42	43	44	45
ヒップ	93	96	99	102
スカート丈	50.5	51	51.5	52

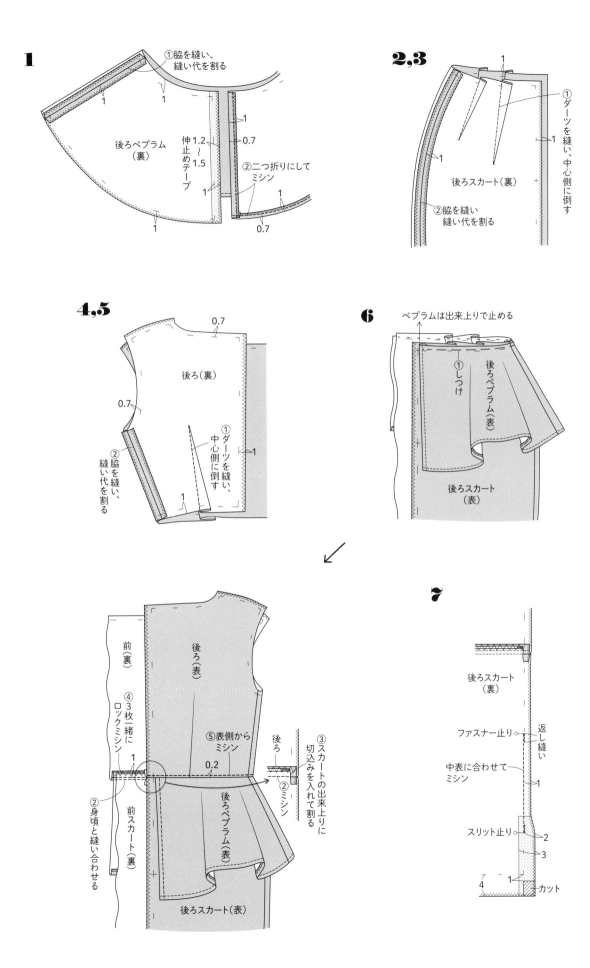

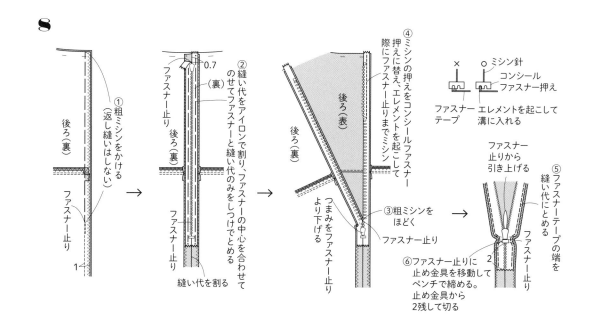

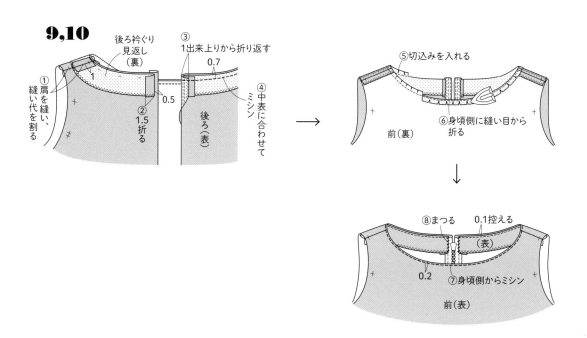

f,I がま口バッグ

実物大パターンB面

【材料】
布 p.14 f［力織機で織ったコットン］…110cm幅80cm
　 p.27 I［スケア花和柄・麻の葉に丸菊］…約110cm幅80cm
接着芯…90cm幅100cm
がま口金…p.14 f ベンリー口金（INAZUMA/BK-1059／幅約24.5cm）
　　　　　p.27 I ベンリー口金（INAZUMA/BK-1079AG／幅約24cm）

【作り方】
準備
・ 表袋、裏袋に接着芯をはる。
1 表袋、裏袋の脇と底を縫う。縫い代は割る。
2 表袋、裏袋のまちを縫う。
3 表袋と裏袋を中表に重ねて口脇を縫う。表に返して口を三つ折りにしてミシンでとめる。
4 口金をつける。

【裁合せ図】

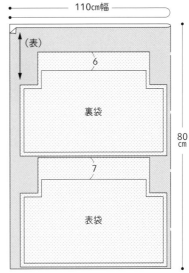

＊指定以外の縫い代は1cm
＊ ▨ は接着芯をはる

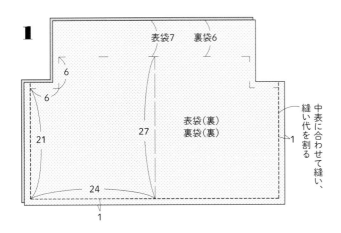

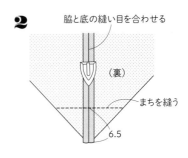

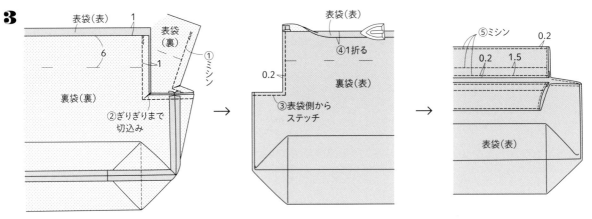

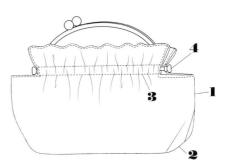

g ボックスプリーツペプラムワンピース

実物大パターンC面

【材料】各サイズ共通
布［綿麻キャンバスチェック柄］…約110cm幅2.6m
接着芯（前後衿ぐり見返し、表カフス、スリットあき）…90cm幅30cm
コンシールファスナー…56cmを1本
スプリングホック…1組み

【作り方】2〜8,14,15はp.62「フレンチペプラムワンピース」参照

準備
- 前後衿ぐり見返し、表カフス、スリットあきに接着芯をはる。
- 前後身頃の肩、脇、後ろ中心、袖下、前後スカートの脇、裾、後ろ中心、前後ペプラムの脇、裾、後ろ中心、前後衿ぐり見返しの端にロックミシンをかける。

1 ペプラムを作る。
2 スカートのダーツを縫う。縫い代は中心側に倒す。
3 スカートの脇をスリット止まりまで縫う。縫い代は割る。
4 身頃のウエストダーツを縫う。縫い代は中心側に倒す。
5 身頃の脇を縫う。縫い代は割る。
6 スカートのウエストにペプラムを仮どめし、身頃と縫い合わせる。縫い代は3枚一緒にロックミシンをかけて身頃側に倒し、ステッチをかける。
7 スカートの後ろ中心のファスナー止まりから裾までを縫う。縫い代は割る。
8 ファスナーをつける。
9 身頃の肩、見返しの肩を縫う。縫い代は割る。
10 身頃と衿ぐり見返しを中表に合わせて衿ぐりを縫う。表に返してステッチをかける。
11 袖山にいせミシンをかける（p.43・**27**参照）。袖下を縫う。縫い代は割る。
12 カフスを作り、袖につける。縫い代は3枚一緒にロックミシンをかけて袖側に倒し、ステッチをかける。
13 袖山をアイロンでいせ込み、袖をつける。縫い代は2枚一緒にロックミシンをかけて袖側に倒す（p.44・**30〜35**参照）。
14 スカートの裾を二つ折りにしてまつる。スリットを始末する。
15 後ろ中心にスプリングホックをつける（p.49参照）。肩の縫い代に見返しの端をとめる（p.45・**38**参照）。

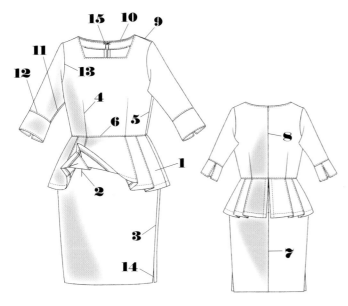

出来上り寸法表　単位はcm

	S	M	L	LL
バスト	90.5	93.5	96.5	99.5
ウエスト	67	70	73	76
背肩幅	34.5	35.5	36.5	37.5
ヒップ	93	96	99	102
スカート丈	50.5	51	51.5	52

【裁合せ図】

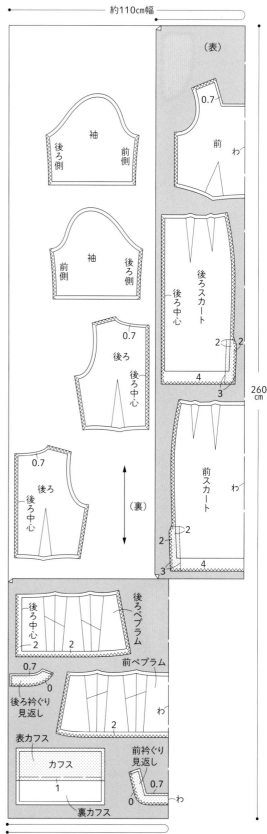

＊指定以外の縫い代は1cm
＊ は接着芯をはる
＊ww は ロックミシンをかける

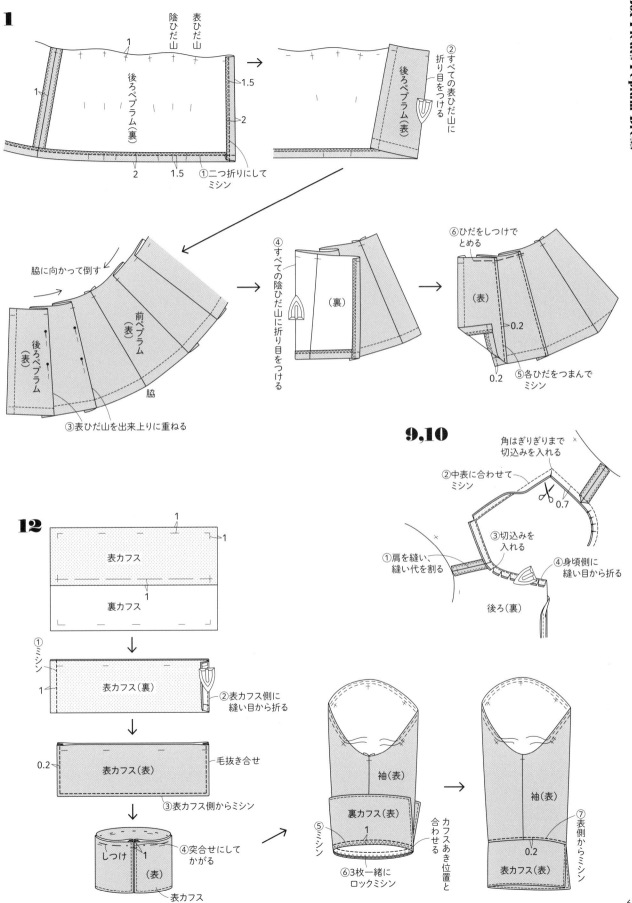

h フレアスリーブブラウス

実物大パターンC面

【材料】各サイズ共通
布[レース生地]…98cm幅2.8m
伸止めテープ(身頃衿ぐり)…12〜15mm幅80cm

【作り方】3〜6はp.52「ボレロ」参照

準備
- 前後身頃の衿ぐりに伸止めテープをはる。
- 前後身頃の肩、脇、袖下、袖口、ペプラムの脇、裾、前後衿ぐり見返しの端にロックミシンをかける。

1. 身頃の肩、見返しの肩を縫う。縫い代は割る。
2. 身頃と衿ぐり見返しを中表に合わせて衿ぐりを縫う。表に返してステッチをかける。
3. 脇を縫う。縫い代は割る。
4. 袖下を縫う。縫い代は割る。
5. 袖口を二つ折りにして縫う。
6. 袖をつける。縫い代は2枚一緒にロックミシンをかけて袖側に倒す。
7. ペプラムの脇を縫う。縫い代は割る。
8. ペプラムの裾を二つ折りにして縫う。
9. 身頃とペプラムを縫い合わせる。縫い代は3枚一緒にロックミシンをかけて身頃側に倒し、ステッチをかける。
10. 肩の縫い代に見返しの端をとめる。

【裁合せ図】

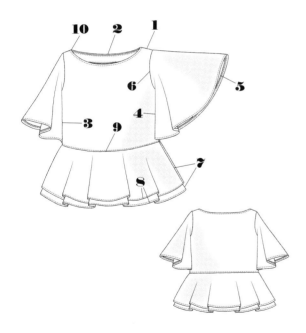

*指定以外の縫い代は1cm
* ▨ は伸止めテープをはる
* www はロックミシンをかける

出来上り寸法表　単位はcm

	S	M	L	LL
バスト	90.5	93.5	96.5	99.5
ウエスト	97.5	100.5	103.5	106.5
背肩幅	34.5	35.5	36.5	37.5
着丈	52.5	53	54	54.5

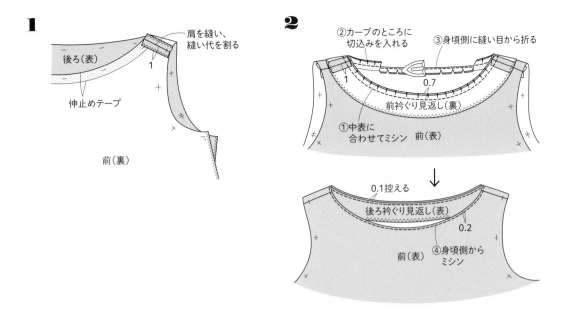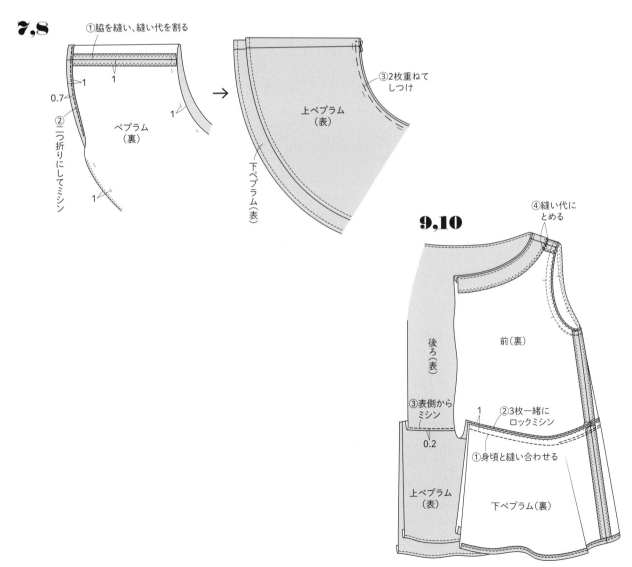

i ふんわりスリーブワンピース

実物大パターンC、D面

【材料】各サイズ共通
布［綿タナローン生地 Turtle Thief］…110cm幅3.2m
接着芯（身頃とスカートの後ろ見返し、前後衿ぐり見返し、表カフス、袖口見返し、
　　　前衿ぐり中心）…90cm幅70cm
伸止めテープ（ポケット口、前後身頃ウエスト）…12〜15mm幅1.5m
ボタン…直径20mmを10個、直径18mmを6個

【作り方】6, 7, 13はp.38「Aラインワンピース」参照
準備
- 身頃とスカートの後ろ見返し、前後衿ぐり見返し、表カフス、袖口見返し、前衿ぐり中心に接着芯をはる。
- 前後身頃のウエスト、ポケット口に伸止めテープをはる。
- 前後身頃の肩、脇、袖下、前後スカートの脇、前中心、裾、身頃とスカートの後ろ見返しの端、前後衿ぐり見返しの端、袖口見返しの端、袋布の口にロックミシンをかける。

1. ウエストダーツを縫う（p.37参照）。縫い代は中心側に倒す。
2. 身頃の肩、見返しの肩を縫う。縫い代は割る。
3. 身頃と衿ぐり見返しを中表に合わせて衿ぐりを縫う。縫い代を整理して表に返す。
4. 身頃の脇を縫う。縫い代は割る。
5. スカートの前中心を縫う。縫い代は割る。
6. ポケット口を残してスカートの脇を縫う。縫い代は割る。
7. ポケットを作る。
8. スカートのウエストにギャザーを寄せて（p.37参照）、身頃と縫い合わせる。縫い代は2枚一緒にロックミシンをかけて身頃側に倒し、ステッチをかける。
9. 見返しの下を縫い返し、裾を二つ折りにして裾、後ろ端、衿ぐりにステッチをかける。
10. 袖口にスラッシュあきを作る。
11. 袖下を縫う。縫い代は割る。
12. 袖口にカフスをつける。
13. 袖山をアイロンでいせ込み、袖をつける。2枚一緒にロックミシンをかけ、縫い代は袖側に倒す。
14. 後ろ中心とカフスにボタンホールを作り、ボタンをつける（p.49参照）。肩の縫い代に見返しの端をとめる（p.45・38参照）。

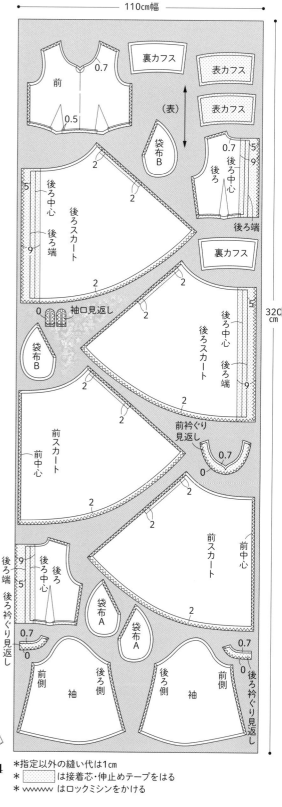

【裁合せ図】

*指定以外の縫い代は1cm
* ▨ は接着芯・伸止めテープをはる
* ⋘⋘⋘ はロックミシンをかける

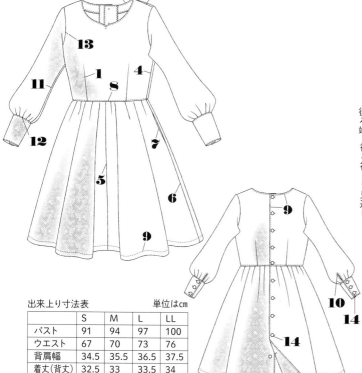

出来上り寸法表　単位はcm

	S	M	L	LL
バスト	91	94	97	100
ウエスト	67	70	73	76
背肩幅	34.5	35.5	36.5	37.5
着丈（背丈）	32.5	33	33.5	34
スカート丈	55	55.5	56	56.5
ゆき丈	72	73	74	75

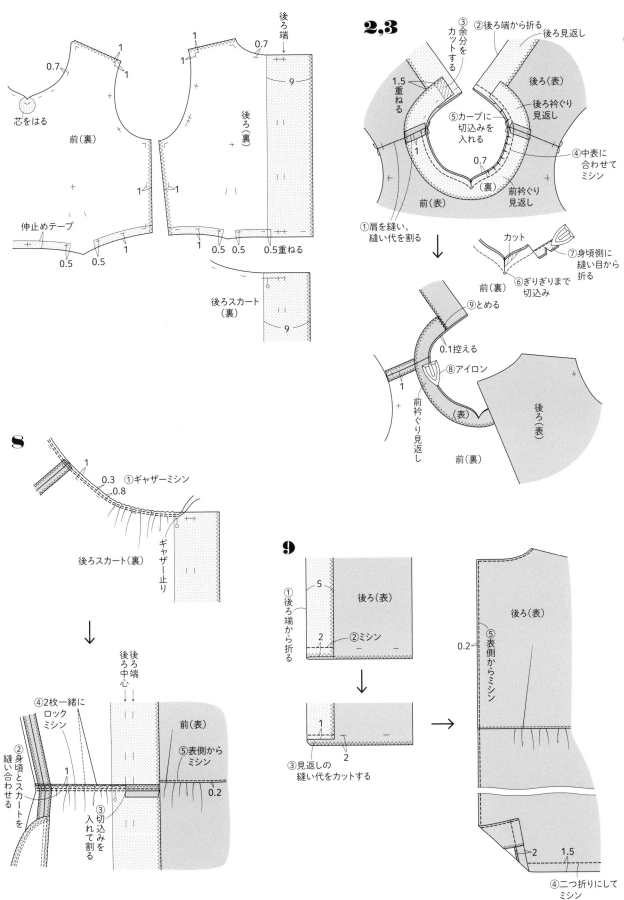

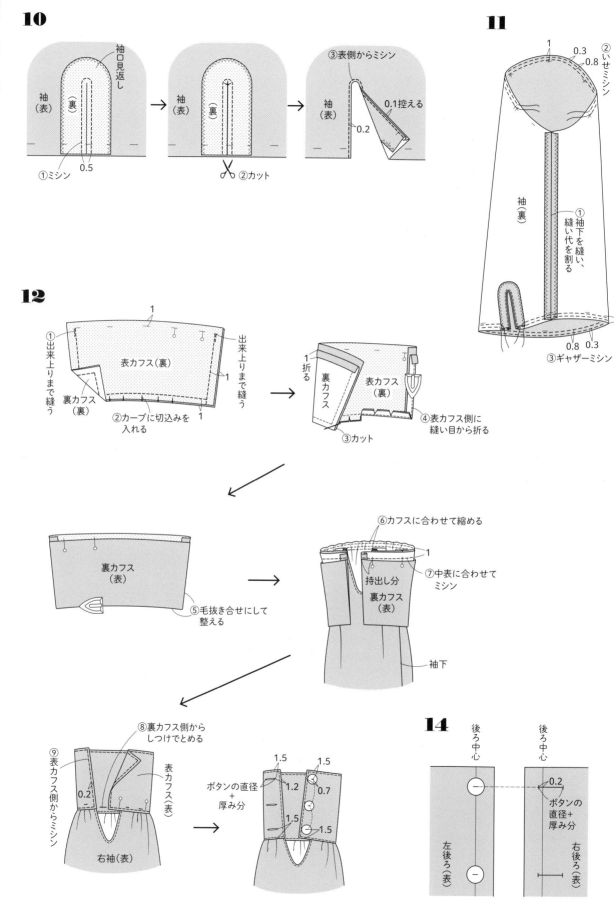

j ストライプ×ストライプヘアバンド

実物大パターンなし

【材料】
布[ブロード太幅ストライプ](土台布)…25×70cm
　[ブロード細幅ストライプ](ゴムテープ通し)…10×30cm
チュール…25×70cm
接着芯(土台)…25×70cm
ゴムテープ…2cm幅を20cm

【作り方】
準備
・土台布に接着芯をはる。
1. ゴムテープ通しを縫う。表に返してゴムテープを通し、両端をとめる。
2. 土台布にチュールとゴムテープ通しを仮どめする。返し口を残して、土台布を縫う。表に返して整える。
3. 土台布を中央で1回結ぶ。返し口にゴムテープ通しを差し込みステッチでとめる。
4. 土台布の両角を突合せにしてかがる。

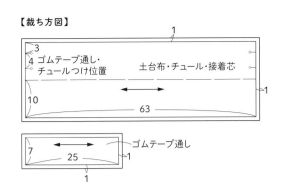

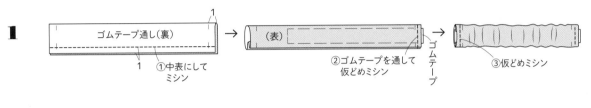

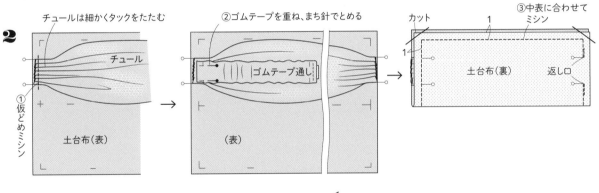

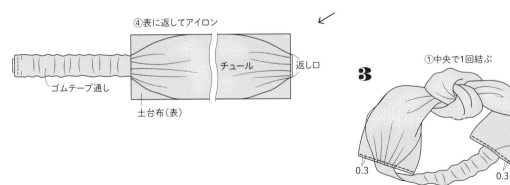

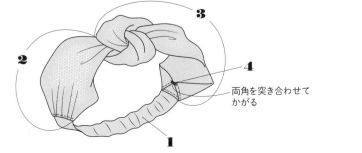

j ストライプ×ストライプワンピース

実物大パターンB、D面

【材料】各サイズ共通
布[ブロード細幅ストライプ](身頃、袖、スカート、前後衿ぐり見返し)…110㎝幅2.7m
　[ブロード太幅ストライプ](袖フリル、裾フリル)…110㎝幅1.5m
接着芯(前後衿ぐり見返し)…90㎝幅30㎝
伸止めテープ(前後身頃のウエスト、ポケット口)…12～15㎜幅1.5m
コンシールファスナー…56㎝を1本
スプリングホック…1組み

【作り方】7～10はp.62「フレンチペプラムワンピース」参照
準備
・前後衿ぐり見返しに接着芯をはる。
・前後身頃のウエスト、ポケット口に伸止めテープをはる。
・前身頃の肩、脇、後ろ中心、袖下、前後スカートの脇、前中心、後ろ中心、袖と裾フリルのはぎ、前後衿ぐり見返しの端、袋布の口にロックミシンをかける。
1　スカートの前中心を縫う。縫い代は割る。
2　ポケット口を残してスカートの脇を縫う(p.42・17～18参照)。縫い代は割る。
3　ポケットを作る(p.42・19～26参照)。
4　身頃のウエストダーツを縫う(p.37参照)。縫い代は中心側に倒す。
5　身頃の脇を縫う。縫い代は割る。
6　スカートのウエストにギャザーを寄せて(p.37参照)、身頃と縫い合わせる。縫い代は2枚一緒にロックミシンをかけて身頃側に倒し、ステッチをかける。
7　スカート裾の後ろ中心のファスナー止まりから裾までを縫う。縫い代は割る。
8　ファスナーをつける。
9　身頃の肩、見返しの肩を縫う。縫い代は割る。
10　身頃と衿ぐり見返しを中表に合わせて衿ぐりを縫う。表に返してステッチをかける。
11　袖山にいせミシンをかける(p.43・27参照)。袖下を縫う。縫い代は割る。
12　袖フリルを作り、つける(p.61・9参照)。縫い代は2枚一緒にロックミシンをかけ、袖側に倒してステッチをかける。
13　袖山をアイロンでいせ込み、袖をつける(p.44・30～35参照)。縫い代は2枚一緒にロックミシンをかけて袖側に倒す。
14　裾フリルをはぎ合わせる。縫い代は割る。裾を三つ折りにしてステッチをかける。つけ側にギャザーを寄せる。
15　裾にフリルをつける。
16　後ろ中心にスプリングホックをつける(p.49参照)。肩の縫い代に見返しの端をとめる(p.45・38参照)。

【裁合せ図】
ブロード太幅ストライプ

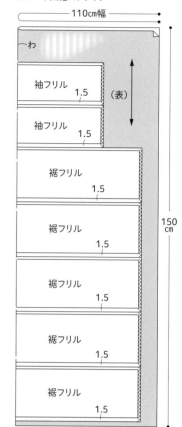

＊指定以外の縫い代は1㎝
＊wwww はロックミシンをかける

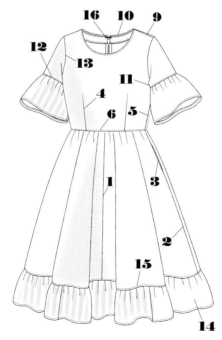

出来上り寸法表　　　単位は㎝

	S	M	L	LL
バスト	90.5	93.5	96.5	99.5
ウエスト	67	70	73	76
背肩幅	34.5	35.5	36.5	37.5
着丈(背丈)	32.5	33	33.5	34
スカート丈	73	73.5	74	74.5

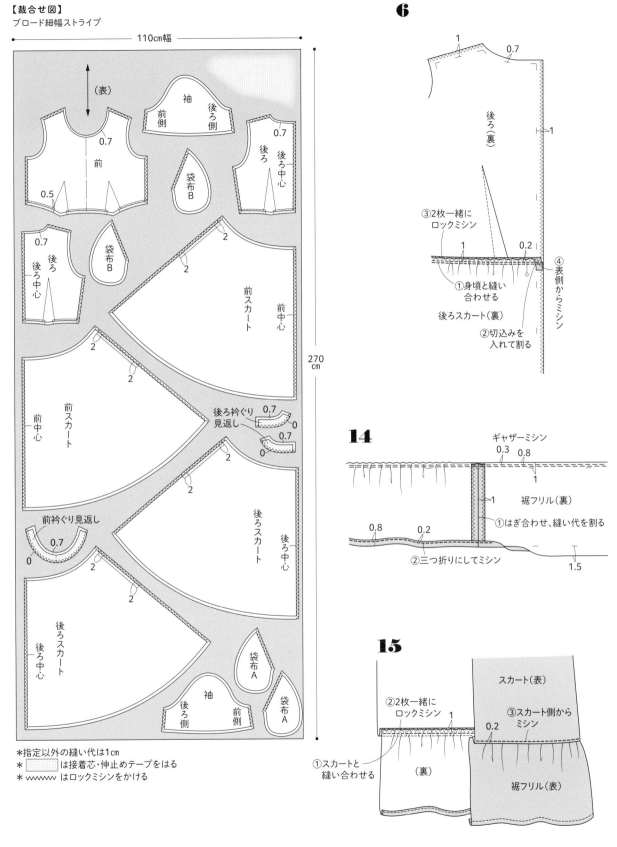

k サーキュラーフレアワンピース

実物大パターンD面

【材料】各サイズ共通
布[ローン塩縮プリント]…118cm幅3m
接着芯(前後衿ぐり見返し)…90cm幅30cm
コンシールファスナー…56cmを1本
スプリングホック…1組み

【作り方】
準備
- 前後衿ぐり見返しに接着芯をはる。
- 前後身頃の肩、脇、後ろ中心、袖下、袖口、スカートの脇、前後中心、裾、前後衿ぐり見返しの端にロックミシンをかける。

1. スカートの前中心を縫う。縫い代は割る。
2. スカートの脇を縫う。縫い代は割る。
3. 裾を二つ折りにして縫う(p.44・**36~37**参照)。
4. 身頃のウエストダーツを縫う(p.37参照)。縫い代は中心側に倒す。
5. 身頃の脇を縫う。縫い代は割る。
6. スカートと身頃を縫い合わせる(p.81・**6**参照)。縫い代は2枚一緒にロックミシンをかけて身頃側に倒し、ステッチをかける。
7. スカートの後ろ中心のファスナー止りから裾までを縫う。縫い代は割る。
8. ファスナーをつける。
9. 身頃の肩、見返しの肩を縫う。縫い代は割る。
10. 身頃と衿ぐり見返しを中表に合わせて衿ぐりを縫う。表に返してステッチをかける。
11. 袖下を縫う。縫い代は割る。
12. 袖口を二つ折りにして縫う。
13. 袖をつける。縫い代は2枚一緒にロックミシンをかけて袖側に倒す。
14. 後ろ中心にスプリングホックをつける(p.49参照)。肩の縫い代に見返しの端をとめる(p.45・**38**参照)。

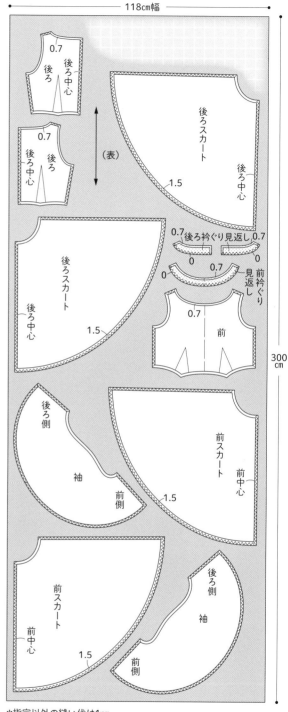

【裁合せ図】

* 指定以外の縫い代は1cm
* ▨ は接着芯をはる
* ∿∿∿ はロックミシンをかける

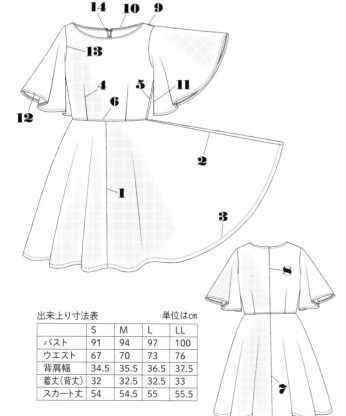

出来上り寸法表　単位はcm

	S	M	L	LL
バスト	91	94	97	100
ウエスト	67	70	73	76
背肩幅	34.5	35.5	36.5	37.5
着丈(背丈)	32	32.5	32.5	33
スカート丈	54	54.5	55	55.5

4,5

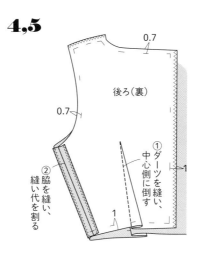

7,8

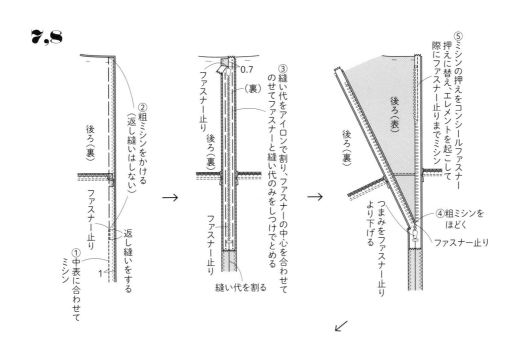

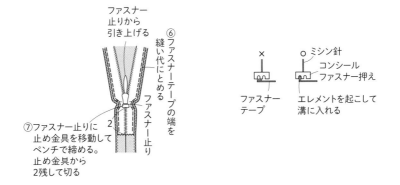

9, 10

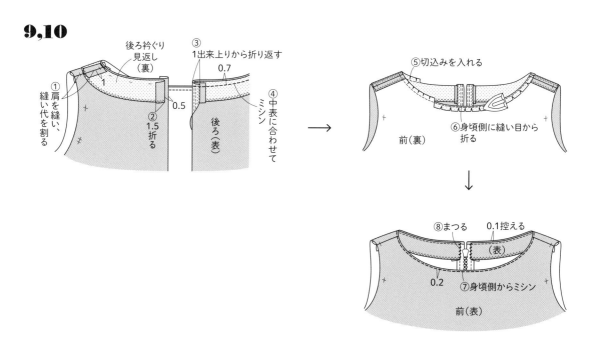

11, 12

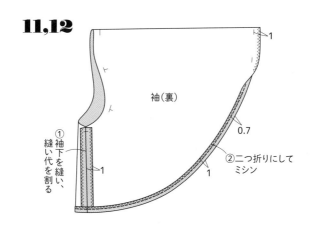

13 **14**

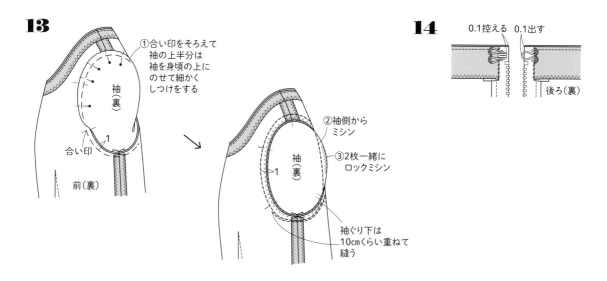

b スペアカフス

実物大パターンA面

【材料】
布[綿別珍]…110cm幅30cm
接着芯…90cm幅30cm
スナップ…直径6mmを10組み
飾りボタン…直径13mmを6個

【作り方】
準備
・ カフスに接着芯をはる。
1 カフスを中表にして両端を縫う。表に返してつけ側の縫い代をステッチでとめる。カフスの端にロックミシンをかける。
2 カフスと袖口にスナップをつける。

【裁合せ図】

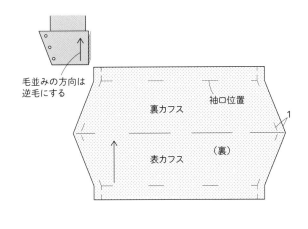

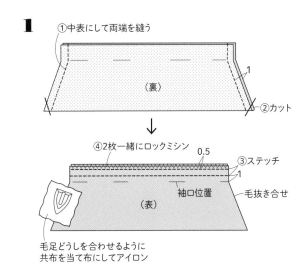

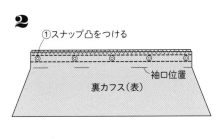

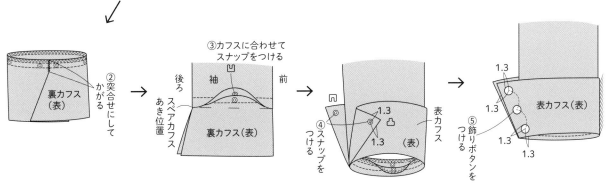

page 26
I きものワンピース
実物大パターンD面

【材料】各サイズ共通
布［スケア花和柄・麻の葉に丸菊］…約110cm幅3.5m
　［綿ブロード無地］…50cm×1.1m
接着芯（前後衿ぐり見返し、表ベルト、裏ベルト）…90cm幅70cm
伸止めテープ（身頃衿ぐり）…12〜15mm幅70cm
コンシールファスナー…56cmを1本
スプリングホック…1組み

【作り方】7〜13はp.76「サーキュラーフレアワンピース」参照
準備
・前後衿ぐり見返し、表ベルト、裏ベルトに接着芯をはる。
・前後身頃の肩、脇、後ろ中心、袖下、袖口、スカートの脇、後ろ中心、裾、前後衿ぐり見返しの端にロックミシンをかける。
1　スカートの脇を縫う。縫い代は割る。
2　スカートの後ろ中心のファスナー止りから裾までを縫う。縫い代は割る。
3　裾を二つ折りに縫う。前スカートを重ねてウエストを仮どめする。
4　身頃のウエストダーツを縫う（p.37参照）。縫い代は中心側に倒す。
5　身頃の脇を縫う。縫い代は割る。
6　スカートと身頃を縫い合わせる。縫い代は2枚一緒にロックミシンをかけて身頃側に倒し、ステッチをかける。
7　ファスナーをつける。
8　身頃の肩、見返しの肩を縫う。縫い代は割る。
9　身頃と衿ぐり見返しを中表に合わせて衿ぐりを縫う。表に返してステッチをかける。
10　袖下を縫う。縫い代は割る。
11　袖口を二つ折りにして縫う。
12　袖をつける。
13　後ろ中心にスプリングホックをつける（p.49参照）。肩の縫い代に見返しの端をとめる（p.45・38参照）。
14　ベルトを作る。

出来上り寸法表　単位はcm

	S	M	L	LL
バスト	90.5	93.5	96.5	99.5
ウエスト	67	70	73	76
背肩幅	34.5	35.5	36.5	37.5
着丈（背丈）	32.5	33	33.5	34
スカート丈	54	54.5	55	55.5

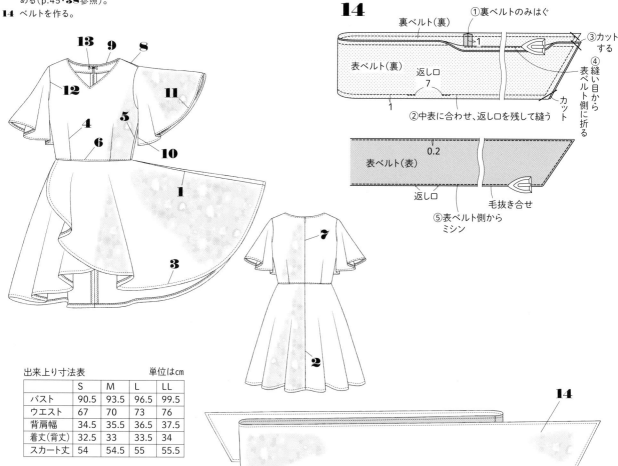

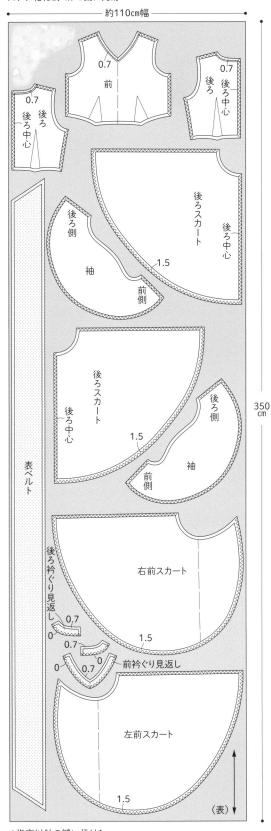

b, d フリルバッグ

実物大パターンB面

【材料】
布 p.7 b [バニランプリント・シノラーリング] 110cm幅 1.4m
　　p.10 d [ハーフリネンチェック・大] 110cm幅 1.4m
接着芯（裏袋、持ち手）…90cm幅 1.2m

【作り方】
準備
・裏袋、持ち手に接着芯をはる。
1　ポケットを作り、裏袋につける。
2　表袋の脇を縫う。縫い代は割る。裏袋の片側に返し口を残して脇を縫う。縫い代は割る。
3　表袋、裏袋のまちを縫う。
4　持ち手を作る。
5　表袋に持ち手を仮どめし、表袋と裏袋を中表に重ねて口を縫う。返し口から表に返して口にステッチをかける。
6　フリルを作り、袋につける。

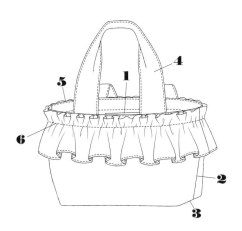

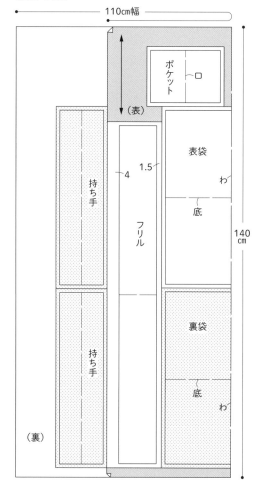

【裁合せ図】

＊指定以外の縫い代は1cm
＊ は接着芯をはる

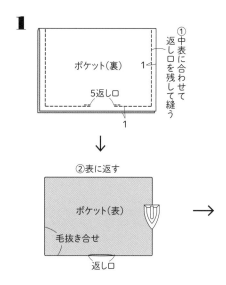

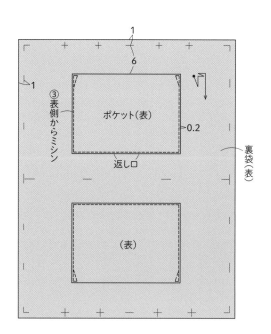

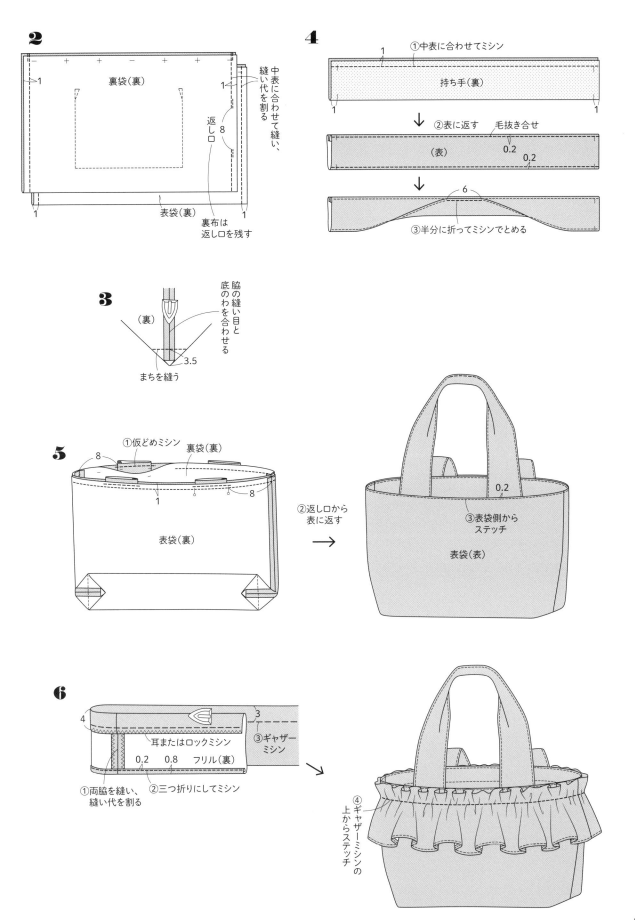

篠原ともえ

1995年16歳で歌手デビュー。タレント、衣装デザイナー、歌手、女優、ナレーター、ソングライター等、多彩な才能を生かした幅広いジャンルで活躍。'90年代、自身のアイディアによるデコラティブな"シノラーファッション"は一大ムーブメントとして大流行。文化女子大学短期大学部(現・文化学園大学短期大学部)でデザインを本格的に学び、ステージ衣装、アクセサリーはすべて自身でデザイン、製作を手がけている。著書に『ザ・ワンピース 篠原ともえのソーイングBOOK』(文化出版局)がある。

デザイン	篠原ともえ
ブックデザイン	林 瑞穂
撮影	佐々木慎一
	安田如水(文化出版局・p.3、28〜47)
スタイリング	相澤 樹
ヘア&メイク	奥平正芳
	末光陽子(p.29〜47)
作品製作協力、作り方解説	助川睦子
作品製作協力	秀島史子
トレース	大楽里美
パターングレーディング	上野和博
パターン配置	山﨑舞華
DTP	文化フォトタイプ
校閲	向井雅子
編集	三角紗綾子(文化出版局)

ザ・ワンピース2
篠原ともえのソーイングBOOK

2017年3月19日 第1刷発行

著 者 篠原ともえ
発行者 大沼 淳
発行所 学校法人文化学園 文化出版局
〒151-8524 東京都渋谷区代々木3-22-1
TEL. 03-3299-2487(編集)
TEL. 03-3299-2540(営業)
印刷・製本所 株式会社文化カラー印刷

©株式会社古舘プロジェクト 2017　Printed in Japan
本書の写真、カット及び内容の無断転載を禁じます。

・本書のコピー、スキャン、デジタル化等の無断複製は著作権法上での例外を除き、禁じられています。本書を代行業者等の第三者に依頼してスキャンやデジタル化することは、たとえ個人や家庭内での利用でも著作権法違反になります。
・本書で紹介した作品の全部または一部を商品化、複製頒布、及びコンクールなどの応募作品として出品することは禁じられています。
・撮影状況や印刷により、作品の色は実物と多少異なる場合があります。ご了承ください。

文化出版局のホームページ　http://books.bunka.ac.jp/

[布地提供]
イオンリテール(パンドラハウス)
http://www.pandorahouse.net/　お問合せはお近くの店舗へ
(p.6のバニランプリント・シノラーリング)

井原デニムストア(井原被服協同組合)
http://www.ibara-denim.com/
(p.12の9オンスのアーガイル柄デニム地)

オカダヤ新宿本店
tel.03-3352-5411
http://www.okadaya.co.jp/shinjuku
(p.22のブロードストライプ、p.24のローン塩縮プリント*/*は参考商品)

コッカ
http://www.kokka.co.jp
(p.4のアートピケマーガレット、p.18のレース生地)

チェック&ストライプ吉祥寺店
tel.0422-23-5161
http://checkandstripe.com
(p.8の星の綿麻、コットンリネンレジェール、p.10のハーフリネンチェック・大、p.14の力織機で織ったコットン)

ユザワヤ商事
tel.03-3734-4141
http://www.yuzawaya.co.jp
(p.16の綿麻キャンバスチェック柄、p.26のスケア花和柄・麻の葉に丸菊)

リバティジャパン
tel.03-3563-0891
http://www.liberty-japan.co.jp
(p.20のタナローン生地 Turtle Thief)

[副資材提供]
INAZUMA
http://www.inazuma.biz
(p.14,27の口金)

エル・ミューゼ
http://www.l-musee.com
(p.10,12,20のボタン)

[用具提供]
クロバー
tel.06-6978-2277(お客様係)
http://www.clover.co.jp

清原
http://www.kiyohara.co.jp/hobby/
(p.20の靴製作用デコボッジ)

[ミシン協力]
カタログハウス(山﨑範夫の電子ミシン)
tel.0120-164-164

JUKI(SL-300EX)
http://www.juki.co.jp/household_ja/

ブラザー販売(かがりIII)
tel.050-3786-1134(お客様相談室)

ブラザーミシン工房(ボタンホール加工)
tel.03-3299-2040(文化学園内)

[衣装提供]
新宿かすう工房/かんざし屋wargo
tel.03-6273-0556
(p.26のかんざし)

*掲載の布地や副資材等は、時期によっては、完売もしくは売切れになる場合があります。ご了承いただきますよう、お願い致します。